# 일상의 깊이

임 명 진

# 일상의 깊이

임 명 진

# 일상의 깊이

**첫판 1쇄 펴낸 날** 2025년 9월 15일

지은이 · 임명진
펴낸이 · 유정숙
펴낸곳 · 도서출판 등
기　획 · 유인숙
관　리 · 류권호
디자인 · 김현숙
편　집 · 김은미, 이성덕

ⓒ 임명진 2025

주　소 · 서울시 노원구 덕릉로 127길 10-18
전　화 · 02.3391.7733
홈페이지 · dngbooks.co.kr
이메일 · socs25@naver.com

정 가 · 15,000원

- 이 책은 저작권법에 따라 보호받는 저작물이므로 무단 전재와 무단 복제를 금합니다.
- 이 책의 전부 또는 일부를 이용하려면 저자와 도서출판 〈등〉에 동의를 받아야 합니다.
- 이 책에 쓰인 그림은 정해진 절차에 따라 저작권자의 동의를 받아 사용하였습니다.

■■■ 작가의 말

　우리는 모두 자기만의 일상을 살아가고 있습니다. 매일 부딪히는 일상은 늘 소란스럽고 분주하지만 날마다 반복되기에 무덤덤하게 마주하곤 합니다. 오늘도 어제처럼 특별할 것이 없다고 그냥 스쳐 버리기도 하는데 이는 의미를 두지 않고 일상을 마주하기 때문입니다.
　최근 자주 오르는 등산길 반환 지점에 소나무 한 그루가 서 있습니다. 곡이 예쁘고 아담하여 마음에 두다 보니 이젠 그 나무를 만나기 위해 산에 오르는 것 같습니다. 그 소나무가 어느 순간 나에게 특별한 나무가 되어버린 것처럼 소소한 일상도 생각이 머물면 특별해 집니다. 마음을 두면 같은 나무가 더 소중해 지는 것처럼 똑같은 날도 새롭게 느껴지니 참으로 신기한 일입니다. 그러한 시간 들이 모여 일상이 되고 그 일상들이 켜켜이 쌓여 우리의 인생이 되는 것입니다. 나이테처럼 말입니다.

보통 사람들의 일상은 평범합니다. 아침에 눈을 떠 밤에 잠들 때까지 먹고 자고 하는 일들이 대부분 가벼운 일들입니다. 사실 일상이라는 게 깊이라고 할만한 것이 딱히 없는 일들이지만 새로운 시각으로 바라보면 다릅니다. 시시하고 소소한 일상이 깊어지게 됩니다. 매일 먹는 밥 한 그릇도 길 가에 핀 이름모를 꽃 한 송이도 더 없이 소중해지니 평범이 비범으로 바뀌는 순간입니다. 좋아하는 책을 읽는 시간, 시원한 여름밤 다정한 사람과의 산책길은 일상을 깊이 있게 만날 수 있는 시간입니다.

앙드레 말로의 〈인간의 조건〉에서 기요의 아버지 지조르는 "한 인간을 완성하는 데는 60년이라는 세월이 필요해"라고 했는데 저는 올해로 60이 되었지만 아직 미완성인 것 같습니다. 이제 인생 2막을 새롭게 시작하면서 시간이 많아지니 행복합니다. 하고 싶은 일도 생겼습니다. 미완의 인간이기에 부족하지만 하나씩 시도해 보려고 합니다. 우선 틈나는 대로 읽고 생각나는 대로 썼습니다. 퇴직 이후 1년 동안 써왔던 글들을 모아 생애 첫 책을 발간하게 되었습니다. 가슴이 떨립니다.

책 제목은 『일상의 깊이』라고 정했습니다. 우선 지금까지 살아온 시간들을 정리해 보고 싶었습니다. 그러기 위해 내가 살아온 삶을 뒤돌아보며 내가 누구인지, 무슨 생각을 하며 살고있는지 생각해보는 시간이 필요했습니다.
 1부. '어제를 돌아보다' 2부. '오늘을 살아가다' 3부. '내일을 그리다' 라고 정하고 그동안 써 온 글들을 과거, 현재 그리고 미래의 일상으로 나누어 보았습니다. 나의 유년 시절부터 청소년 시기를 거쳐 살아온 나와 주변 사람들에 대해 쓴 글들이므로 솔직히 용기가 필요했습니다. "이젠 누구 눈치 보며 살지 않을 테야!"라고 했는데 아직도 왜 이렇게 망설여지고 신경이 쓰이는지 모르겠습니다.

글을 쓰는 시간은 오롯이 나를 만나는 시간이었습니다. 나의 일상을 들여다 보면서 그동안 몰랐던 것들을 만나게 되었습니다. 내가 꽤 소소한 일상에서 행복을 찾아가고 작은 것들에서 행복을 느끼고 있다는 것을 알게 되었습니다. 쓰다 보니 아주 평범한 보통의 일상들이 대부분입니다. 너무 평범하고 어설픈 기록은 아닌지 부끄럽기도 하고 너무 사적인 일들을 겁도 없이 내놓는 것은 아닌지 걱정이 앞서기도 합니다. 하지만 용기를 내어봅니다. 해보고 싶었던 일을 이러저러한 이유로 접는다면 훗날 더 큰 후회로 남을 것 같기 때문입니다. 저에게 책을 낼 수 있다고 용기를 주시고 친절히 안내해주신 모든 분들께 감사드립니다. 앞으로도 사소한 일상을 더욱 깊이 있게 바라보며 살아가겠습니다.

2025년 가을 희희당에서
임명진

| 차례 |

## 1부 어제를 돌아보다

| | |
|---|---|
| 빠삐용 | 18 |
| 아이처럼 | 22 |
| 이름 episode | 27 |
| 삶의 한 가운데 | 31 |
| 임전무퇴任戰無退 | 36 |
| 친구 | 40 |
| 뿌리와 날개 | 43 |
| 대추 한 알 | 46 |
| 소울 푸드 soul food | 50 |
| 가장 넓은 길 | 53 |
| 아! 감자 | 58 |
| 한 번에 한 가지만 | 63 |
| 어쩌다 살림 | 68 |

| 차례 |

## 2부 오늘을 살아가다

| | |
|---|---|
| 초리와 보리 | 74 |
| 세심천洗心泉 | 78 |
| 붕어빵 | 82 |
| 하마터면 큰일 날 뻔 | 86 |
| 유酉 선생 | 90 |
| 독서의 즐거움 | 96 |
| 안자춘추晏子春秋 | 100 |
| 비싼 수업료 | 104 |
| 어긋난 발걸음 | 108 |
| 퍼펙트 데이즈 Perfect Days | 112 |
| 아름다운 뒷모습 | 118 |
| 생노병사生老病死 | 122 |
| 세 살 버릇 여든까지 | 126 |

| 차례 |

## 3부 내일을 그리다

| | |
|---|---|
| 어떻게 살 것인가 | 134 |
| 나마스떼 | 138 |
| JOMO로 살아가기 Joy of missing out | 142 |
| 눈금 사이로 | 146 |
| 복수초 피는 봄 | 152 |
| 선암사에 가다 | 157 |
| 수덕사 답사기 | 163 |
| 호모 파덴스 Homo Fadens | 168 |
| 오브리가도! Obrigado | 172 |
| 커피 좋아하세요 … | 178 |
| 산에서 노는 것이 독서다 遊山如讀書 | 182 |
| 오래된 비밀 | 186 |
| 제3의 공간 喜憙堂 | 192 |
| 동상이몽 同床異夢 | 197 |
| 나는 반딧불이 | 202 |

어제를 돌아보다 1

# 빠삐용

여고 시절 넓은 교정은 우리의 자랑이었다. 대학 캠퍼스만큼 넓고 아름다웠던 교정은 계절마다 한 폭의 그림 같았다. 그중에서도 라일락 향기 가득한 봄날의 교정은 황홀했다. 꽃도 꽃이지만 반쯤 열린 교실 유리창 너머로 스며든 라일락 향기를 맡으면 뇌세포가 그 향기를 따라 움직이는 듯했다. 공부에 집중할 수 없게 만드는 강력한 마취제 같았다.

고3인데 대학도 가야 하는데… 하늘도 무심하시지 찬란한 오월 초에는 어김없이 시험이 기다리고 있었다. 해가 뜨면서부터 야심한 밤까지 옴짝달싹 할 수 없는 육체적 고통은 더욱 강하게 느껴졌다. 유체이탈처럼, 몸은 분명 교실에 앉아 선생님을 향해 있는데 마음은 꽃밭 사이로, 음악당 옆 숲길 사이로 자유롭게 떠다녔다.

나는 음력 9월생인데다 학교를 일곱 살에 들어가는 바람에 또래보다 모든 면에서 늦었다. 글씨를 쓸 때도 그린다고 해서 '거북이'라는 별명까지 얻었다. 대부분 친구들이 중학교 때 사춘기를 겪고 지나가는데, 나는 고3이 되어서야 사춘기가 시작되었다. 고3 봄부터 가을까지 반 년을 방황하였다. 어느 땐 철학자가 되어 인생을 고민하고 어느 땐 문학가가 되어 교과서 대신 헤르만 헤세에 빠져 헤어 나오지 못하였다.

그 결과 우리 학교는 시험 성적을 복도 벽면에 가로 방을 써 붙였는데 내 이름은 자꾸만 뒤로 물러나고 가장 친한 친구의 이름은 앞으로 앞으로 나아갔다.

고3 1학기 말 시험 주간이었을 거다. 저녁밥을 먹고 쉬고 있는데 TV에서 주말의 영화가 시작되었다. 컬러TV가 막 보급되던 시절, 시골에서는 보기 드물게 우리 집엔 컬러TV가 있었다.

농산물검사소를 다니셨던 아버지는 공무원 월급으로 대가족을 부양하느라 생활 형편이 좋지는 않았지만 양쪽 미닫이문이 달린 동남 TV를 통 크게 들여놓으신 엄마 덕분에 우리는 시골에서도 비교적 문화생활을 누릴 수 있었다. 그날 영화 제목은 '빠삐용'이었다. 시험 기간이라 볼까 말까 망설이다 결국 주저앉아 영화를 보았다. 처음엔 스티브 맥퀸의 파란

눈의 매력에 빠져 보기 시작했는데, 이내 스티브 맥퀸과 더스틴 호프먼의 연기에 푹 빠져 헤어나올 수 없었다. 마치 고3이라는 죄수가 학교라는 감옥에 갇혀 자유를 갈망하는 것 같은 나의 모습이, 주인공의 삶과 겹쳐 보였다. 그 인상이 너무도 강렬했기에 '빠삐용'은 지금까지도 내 인생 최고의 영화로 남아 있다.

영화 속 가장 인상적이었던 장면은 마지막에 줄무늬 죄수복을 입은 빠삐용이 절벽에서 바다로 뛰어드는 순간이었다. 절망이 희망으로, 어둠이 빛으로 바뀌는 순간, 그동안 막혀 있던 가슴이 뻥 뚫리는 경험을 했다. '그곳에는 희망 따윈 없다. 최선을 다해 너를 망가뜨리겠다'고 퍼부었던 교도소장의 저주도, 햇빛 한 줌 허락되지 않던 죽음 같은 독방도, 천사처럼 보였던 수녀의 밀고도, 상어와 험한 파도에 둘러싸인 악마섬 그 어느 것도 결국 그를 막을 수 없었다.
 절벽 위에서 친구 빠삐용을 내려다보는 드가와 일곱 번째 파도를 타고 절벽에서 뛰어내리는 빠삐용. 이어지는 드가의 환호성과 뗏목에 몸을 걸치며 기쁨을 포효하는 빠삐용은 벅찬 감동 그 자체였다. 가슴팍에 '나비' 문신을 새긴 죄수 빠삐용은 드디어 자유의 몸이 되어 훨훨 날아올랐다. 무사히 탈출한 그가 망망대해에서 하늘을 향해 소리쳤다. "이

자식들아, 나 여기 있다.(Hey you bastards I'm still here!)" 내가 마치 빠삐용이 된 것 같았다.

그날 밤 나는 잠을 이룰 수 없었다. 생각이 꼬리에 꼬리를 물었다. 과연 빠삐용은 유죄일까? 꿈속에서는 빨간 망토를 입은 재판관과 열두 명의 배심원들이 '인생을 낭비한 죄'로 유죄를 선고하는 장면이 떠올랐다. 도대체 누가 유죄란 말인가. 무엇이 인생을 낭비하는 삶일까? 되묻고 싶었다.

그가 진정으로 추구했던 것은 탈옥이나 자유 자체가 아니라, 비인간적인 제도라는 권력과 그것이 제공하는 달콤한 길들이기의 유혹에 대한 저항이었다. 길들여진 삶을 산다는 것이야말로 인생을 낭비하는 것이고 오히려 진짜 유죄가 아닐까 하는 생각으로 밤을 지새웠다.

얼마 전 나도 자유의 몸이 되었다. 정년까지 아직 시간이 남았지만 미리 자유를 선택했다. 아마 빠삐용처럼 탈출하고 싶었던 것 같다. 지금까지의 삶은 주변의 누군가를 길들이고 내 자신도 길들여지며 비교적 안정적으로 살아왔지만 언제부터인가 마음 한 구석 어딘가에는 늘 빠삐용 같은 자유를 갈망해왔다. 후회 없는 삶이었으나 홀가분하다. 이제 나는 자유의 몸이 되어 나비처럼 훨훨 날아갈 생각이다.

"세상 사람들, 나 이제 자유에요!(People in the world, I'm free!)"

# 아이처럼

아담하지만 정성 들여 가꾼 정원을 보면 마음이 단정해진다. 몇 년 전, 정원 가꾸기에 관심이 생겨 예쁜 정원들을 찾아다닌 적이 있었다. 아산에 있는 '이화재'는 백년 된 한옥에 어울리는 고즈넉한 정원이다. 평생 버섯만 연구하던 안주인이 한옥을 장만한 후, 한 해 두 해 심고 가꾼 덕에 사시사철 예쁜 꽃들이 피어나는 아름다운 정원이 되었다.

운 좋게 기회가 되어 몇 차례 이화재 정원 구경을 하던 어느 날 그곳에서 전지를 해주시던 분을 만났다. 강원도 홍천에서 조경을 하시는 분이었다. 이렇게 아름다운 정원을 설계한 분의 집 정원은 과연 어떨까 궁금하던 차에, 마침 홍천에 갈 일이 생겨 그분의 정원을 방문하게 되었다. 이화재와는 또 다른 자연스러움 속에 멋이 살아 있는 정원을 갖고 계셨다. 다음에 다시 찾아갔을 때는 정원 구경뿐만 아니라 사모님까지 인사를 하게 되었다. 조경하시는 분은 늘 밖에서 거친 일들을 하다 보니 아름다운 정원과는 달리 얼굴은 그을리고 손마디는 굵고 거칠어 보이는데 사모님의 첫 인상은 갓 피어난 목련꽃 같았다.

  차를 한 잔 마시고는 다른 집 정원도 보여주신다며 우리 부부를 안내했다. 멀지 않은 곳에 있는 그 집 정원은 큰 연못도 있고 집 뒤편은 부드러운 산세와도 잘 어우러진 무릉도원 같았다. 아름다운 꽃과 나무들을 보며 연못 주변을 한 줄로 서서 한 걸음 한 걸음 걷고 있을 때였다. 갑자기 뒤에서 또박또박 낭랑한 목소리가 들려왔다.

"제가 시 한 수 읊어드릴까요?"

뭐지? 내가 잘못 들은 건가? 하고 뒤를 돌아보니 내 뒤에는 남편이, 남편 뒤엔 소녀 같은 사모님이 밝은 미소를 지으며 뒷짐을 지고 따라오고 있었다. 그 말이 떨어지기 무섭게 남편 되시는 조경 기사님은 "어휴" 하시며 발길을 돌리셨다. 그 말 속에는 '또 시작이네' 라는 의미가 담겨 있었지만 짧은 한숨 속에 깊은 사랑이 스며 있었다.

  가는 길 / 김소월/ 가는 길/ 그립다/ 말을 할까/ 하니/ 그리워/ 그냥 갈까/ 그래도/ 다시 더 한 번 저 산에도 까마귀, 들에 까마귀/

서산에는 해 진다고/ 지저 귑다/ 앞 강물 뒷 강물/ 흐르는 물은/ 어서 따라오라고 따라가자고/ 흘러도 연달아 흐릅니다려.

마치 머리를 망치로 한 대 맞은 것 같았다. 기쁜 놀라움이었다. 사실 처음 본 사람들에게 서스름 없이 다가와 시 한 수를 낭독해주고 싶은 마음은 있어도, 실제로 그렇게 하는 일은 결코 쉽지 않은 일이다. 고개를 갸웃거리며 꽃들과 이야기 나누고 밝게 미소 짓는 이 순수함은 어디서 왔을까? 나보다 나이도 훨씬 많은데, 그런 나이에 이렇게 아이 같은 마음을 가질 수 있다니... 신선한 만남이었다.

나이가 들면서 기억력은 줄고 이해력은 오히려 높아지는 것 같다. 예전에는 어려운 책을 읽을 때 무슨 말인지 알 수 없었던 것들이, 지금 다시 읽어보면 자연스럽게 이해되는 것이 신기하다. 『짜라투스트라는 이렇게 말했다』에서 니체는 인간 본성의 3단계가 낙타, 사자 단계를 거쳐 마침내 아이의 단계에 이른다고 했다. 왜 마지막 단계가 '어린아이'인지 그때는 이해하지 못했는데 그 이유를 이제는 알 것 같다.

니체에 따르면 인간 본성의 1단계는 '낙타의 단계'로, 무거운 등짐을

지고 사막을 건너는 낙타처럼 시키는 일을 수동적으로 행하며, 왜 그 짐을 짊어져야 하는지도 모른 채 복종하며 살아간다. 2단계는 '사자의 단계'로, 사막의 주인이 되고자 포효하며 자신이 해야 할 일을 자율적으로 선택하지만 반항 정신 속에서 소극적인 자유만을 누린다. 마지막은 '어린아이의 단계'로, 어떤 억압과 구속에도 영향을 받지 않고 순진무구하게 갈등과 편견으로부터 자유로운 상태이다. 누가 시켜서 하는 것도 아니고 누군가를 이기려는 욕망도 없다. 그렇기에 어린아이의 눈으로 바라보는 세상은 늘 아름답고 행복하며, 자유로울 수밖에 없다.

'어떻게 살아야 할 것인가?'는 평생 내 삶의 화두였다. 유년부터 학창 시절은 낙타처럼 순종적인 자세로 살았고 중년에 들어서면서 내 의지대로 사자 같은 삶을 살아왔다면 홍천 정원에서의 뜻밖의 만남을 통해 이제 앞으로의 삶은 어떻게 살아야 할 것인가?에 대한 방향을 일러주는 깨우침을 얻은 듯했다. 집으로 돌아오는 길은 영혼이 충만하게 채워진 듯하면서도, 한편으로는 가볍고 자유로운 느낌이 들었다.

하늘의 무지개를 보면/ 내 가슴은 뛴다/ 내 어렸을 때도 그러했고/ 어른이 된 지금도 그렇거늘/ 내 늙어갈 때도 그러하기를, 그렇지 아닐 바엔 차라리 죽으리/ 아이는 어른의 아버지, 바라 노니 내 삶의 나날들이 자연에 대한 경건함으로 이어져 가기를.

〈윌리엄 워즈 워드, 무지개〉

   윌리엄 워즈 워드도 〈무지개〉라는 시에서 '아이는 어른의 아버지'라고 했다. '하늘의 무지개를 보고 가슴이 뛰지 아니할 바엔 차라리 죽으리라고' 한 의미도 알 것 같았다.

   더 늦기 전에 어린아이로 돌아가 사소한 일에도 꺄르르 웃고 오감을 열어 하늘과 땅과 나무와 바람을 느껴야 한다. 무지개를 보고 가슴이 뛰던 그 아이처럼, 호기심 어린 눈으로 세상을 경이롭게 바라보며 가슴 설레던 그 마음을 다시 찾아야 한다. 어느 날, 어느 공간에서 누군가에게 말간 미소를 지으며 "시 한 수 읊어드릴까요?"라고 말을 건네는 그런 사람이 되고 싶다.

## 이름 episode

내 이름은 '명진'이다. 얼핏 들으면 남자 이름 같다. 어릴 적에는 소영이, 현주, 희영, 정아 같은 이름을 가진 아이들이 부러웠다. 할아버지께서 지어주신 내 이름은 '밝을 명(明)'에 '보배 진(珍)'으로 밝은 보배라는 뜻이다. 어렸을 때는 마음에 들지 않았으나, 철이 들면서 이름이 좋아졌고 세상을 밝히는 밝은 보배가 되라는 의미로 지어주셨으니 이름값을 해야겠다는 각오로 살아왔다.

결혼 후 첫 딸을 낳았다. 시아버님은 출산 다음 날 바로 이름을 지어 오셨다. '선미', 여자는 착하고 예쁘면 된다고 하시며 '착할 선(善)'에 '아름다울 미(美)'라고 통보하고 가셨다. 내심 아들을 기대하셨는데 딸을 낳아 조금 서운하신 듯했다. 선미라는 이름이 썩 마음에 들지 않았지만 대놓고 거절할 수도 없어 난감하였다. 정중히 거절할 정당한 근거를 찾아 남편과 밤새 머리를 맞대고 고민했다. 다음 날 아버님께 말씀드렸다.

"아버님 선미라는 이름도 너무 예쁘지만 유씨 집안의 첫 손주로서 아버님만 허락해 주신다면 항렬자를 따르고 싶습니다."

이럴 수가! 하늘도 무심하시지 항렬자는 '병'이라고 하셨다. 그 많고 많은 항렬자 중 왜 하필 '병'이란 말인가. 이미 뱉어버린 말을 주워 담을 수도 없는 일이었다. 병숙, 병자, 병희, 병옥, 병순, 병주..... 그날 밤도 남편과 밤새 머리를 맞대고 '병'자와 어울리는 이름을 짓기 위해 밤을 지새웠다. 그래서 탄생한 이름이 '병은'이다. 성이 유씨이므로 딸은 유병은이라는 이름을 갖게 되었다.

그로부터 2년 뒤 아들을 낳았다. 아버님은 병원으로 대형 꽃바구니를 보내주셨다. 한약도 함께 왔다. 첫 아이 때와는 사뭇 다른 모습이었다. 중용의 "막견호은(莫見乎隱) 막현호미(莫顯乎微), 아무리 숨겨도 보이지 않는 것이 없고 아무리 미세해도 나타나지 않는 것이 없다"가 떠올랐다. 손주를 보셔서 좋아하시는 모습은 아무리 감추려하셔도 너무나도 잘 보였다. 이번에는 병원에서 퇴원하고 한 달이 다 지나도록 이름을 짓지 못하셨다. 이름 짓는 곳을 들락거리시며 좋은 이름 후보들을 하나씩 검토한 끝에 탄생한 이름은 '병권'이었다. '권할 권(勸)'은 한자로 '권하다, 힘쓰다, 나아가다, 가르치다'라는 뜻을 가지고 있다. 손주를 너무나 사랑해주신 아버님의 바람대로 자기의 자리에서 열심히 힘쓰며 앞으로 나아가고 있으니 다행이다.

내가 그의 이름을 불러 주기 전에는
그는 다만
하나의 몸짓에 지나지 않았다

내가 그의 이름을 불러 주었을 때
그는 나에게로 와서
꽃이 되었다

내가 그의 이름을 불러 준 것처럼
나의 이 빛깔과 향기에 알맞은
누가 나의 이름을 불러다오
그에게로 가서 나도

그의 꽃이 되고 싶다

우리들은 무엇이 되고 싶다

너는 나에게 나는 너에게

잊혀지지 않는 하나의 눈짓이 되고 싶다.

〈꽃, 김춘수〉

김춘수의 〈꽃〉처럼 누군가 내 이름을 불러주고 나도 누군가의 이름을 불러주는 의미 있는 사람이 되어야 한다. 이름이란 한평생 날마다 반복해서 부르는, 세상에서 가장 짧은 영혼의 노래이다. 세상에 태어나 나를 사랑하는 사람에게 가장 먼저 받는 선물이자 가장 먼저 받는 관심이다. 그렇기에 온 세상의 좋은 뜻을 한데 모아 잘되기를 바라는 마음으로 정성을 다해 좋은 이름을 짓고 또 불러주는 것이다.

누군가의 이름은 그 이름의 주인을 위한 사람들의 온갖 정성이 담겨 있다. 이름을 짓고 부르고 또 기억하는 것은 상대방을 향한 가장 작지만 커다란 마음의 표현이다. 그러므로 이름에는 그 사람의 과거이자 현재이며 미래, 그리고 그 사람의 삶이 오롯이 담겨 있다. 한 사람의 소중한 삶의 발자취가 고스란히 그 이름에 남아 있으니, 나를 사랑하듯 나의 이름도 더욱 사랑해야 할 이유가 된다.

# 삶의 한 가운데

"여자 형제들은 서로에 대해 모든 것을 알고 있든지, 아니면 아무것도 모르고 있든지 둘 중 하나다."

루이제 린지의 소설 『삶의 한가운데』 첫 문장이다. 책을 읽으며 나의 막내 여동생이 떠올랐다. 『삶의 한가운데』는 열두 살 차이의 언니 마르그레트가 결혼 후 스웨덴에 사는 동안 동생 니나는 부모님과 함께 독일에 살며 서로 연락 한번 없이 지냈던 자매의 이야기다. 그러던 어느 날, 독일의 한 바에서 두 자매가 우연히 만나게 되고 그동안 잊고 지냈던 언니와 동생은 서로 소통하기 시작한다. 니나를 18년 동안 변함없이 사랑했던 슈타인 박사가 보낸 일기와 편지들을 읽으며 지난 날을 되돌아보는 소설이다.

우리 집은 여자 형제가 넷이다. 우리는 서로에 대해 얼마나 알고 있을까? 사실 모든 것을 아는 것 같지만 실은 아무것도 모르고 있는 것 같다는 생각이 들었다.

그 중에서도 둘째와 나는 연년생이어서 성장기 내내 서열 다툼이 치열했다. 셋째는 세 살 차이가 나서 말이 잘 통했지만 정작 막내 동생과는 다섯 살이나 차이가 났다. 내가 고등학생 때 동생은 초등학생이었고 내가 대학생이 되었을 때는 동생이 중학생이었으니 가깝게 지낼 사이는 아니었다.

게다가 내가 대학을 졸업하던 해에 곧바로 결혼하는 바람에 일찌감치 집을 떠났고 그로 인해 소원한 사이가 되고 말았다. 연달아 딸, 딸, 딸, 딸에 이어 다섯 번째에 귀한 아들이 태어났으니 부모님과 가족들의 사랑이 온통 남동생에게 쏠린 것은 자연스럽고 당연한 일이었다. 막내는 어릴 적부터 남동생에게 모든 사랑을 빼앗기고 언니들은 어리다고 상대해 주지도 않았으니 혼자 느꼈을 상대적인 결핍과 박탈감이 얼마나 컸을지 그때는 미처 짐작조차 못했다. 나는 그저 조용히 책 읽기를 좋아하고 공부도 제법이어서 무난하게 잘 살고 있다고만 생각했다.

그러던 동생이 대학생이 되자 『삶의 한가운데』 주인공 니나처럼 자유롭고 능동적인 삶을 사는 것 같았다. 엄마는 동생이 학생운동을 하느라 통 공부는 안한다고 뭘 하고 다니는지 새벽녘에야 집에 들어온다며 걱정이 태산이었다. 자유로운 동생은 건축학과를 졸업하고 건축 설계사가 되어 질풍노도의 시기를 지나 투사 같은 삶을 접었고 이제는 안정적인 삶을 살겠거니 생각하던 어느 날 돌연 인도로 여행을 떠났다.

한 번, 두 번, 세 번... 직장생활을 하는 것은 그저 여행을 떠나기 위한 수단이었다. 한 달, 두 달, 석 달, 여섯 달. 모아놓은 예금이 허락하는 대로 길을 떠났다. 그것도 인도, 네팔, 파키스탄 같은 오지 국가로만 다녔다. 그러던 어느 해인가는 히말라야를 등반할 때 함께 등반을 도와주었던 파키스탄 셰르파와 결혼을 하겠다고 통보해 집안이 발칵 뒤집어 졌다. 결혼 적령기가 되자 주변에서 좋은 사람을 소개시켜 주겠다던 이들이 많았지만 동생은 교사도 싫다, 공무원도 싫다고 했다. 안정적인 직업을 가진 사람과 재미없게 사느니 차라리 혼자 사는 게 낫다는 말이었다. 좋은 혼처를 마다하고 자기가 찾은 짝과 결혼을 하겠다니 엄마는 몇날며칠 머리를 싸매고 누워계셨고 식구들이 저마다 설득해 보았으나 동생은 니나처럼 꿈쩍도 하지 않았다.

결국 제 뜻대로 파키스탄 남편과 결혼하였고 똑똑한 아들을 하나 얻었으나 결혼한 지 오년 만에 동생은 다시 아들과 둘만 사는 삶을 선택했다. 지금은 여전히 자기가 좋아하는 일을 해가며 고3이 된 아들과 씩

씩하게 잘 살아가고 있다.

　동생은 나를 어떻게 생각할까? 자기 삶을 살아내느라 동생들의 삶에는 무관심했던 한심한 언니로 보지는 않을까. 주인공 니나가 자신을 사랑하는 슈타인 박사에게 "당신의 인생은 마치 일요일을 망쳐버리는 재미없고 어려운 숙제 같아요."라고 말하는 장면이 있었는데 그 말이 마치 동생이 언니인 나에게 하는 말처럼 느껴졌다.
　내 삶엔 모험이 없었다. 그래서 아무것도 잃지 않았다. 하지만 그 대신 아무것도 얻지 못한 채 살아온 것은 아닐까? 한 번뿐인 나의 삶이 망가질까 조심조심 살아가는 모습이 슈타인 박사의 삶과 다를 바가 없지만 동생은 마치 니나처럼 남들을 따라 사는 게 아니라 오롯이 자기의 삶을 살고 있는 것 같다.

　아주 오래 전, 나는 의심 가득한 눈초리로 동생에게 물었다.
　"너 지금 행복하니?"
　"응, 행복해."
　동생은 진심을 담아 답했다.

내 잣대로 만든 행복의 기준은 동생이 생각하는 행복의 조건과는 달랐다. 자신의 행복을 위해서라면 불편도, 위험도 고독도 두려워하지 않는 아이. 지금 다시 물어도 행복하다고 힘주어 말할 아이. 오늘도 삶의 가장자리가 아닌 삶의 한가운데서 마음껏 모험하며 자신의 삶을 살아가고 있는 사랑하는 나의 동생에게 존경과 격려의 박수를 보낸다.

## 임전무퇴 任戰無退

나이가 들수록 더욱 소중해지는 관계가 있다. 태어난 순간부터 지금까지 이어져 온 형제자매와의 관계다. 고만고만한 연년생 네 자매는 어릴 적 나이 차가 적어 하루하루가 전쟁이었다. 부모의 사랑과 관심을 차지하기 위해 한 치의 양보 없이 치열하게 경쟁했다. 머리채를 잡고 싸우기도 하고 억울한 일을 당하면 뜨거운 눈물을 삼키며 훗날을 도모하기도 했다.

그렇게 유년시절과 학창 시절을 뜨겁게 보내며 자란 우리는 부모님의 가르침대로 잘 성장했다. 그리고 20대에 부모님 곁을 떠나 건강하게 독립하였다. 결혼해 각각 이룬 가정에서 누군가의 아내로, 엄마로, 아들딸 낳고 열심히 살았다. 또 각자의 직장에서는 세 자매가 교육계에서, 막내는 건축 설계사로 맡은 직분에 최선을 다하며 살다 보니, 어느

새 네 자매 모두 50대를 넘어 60대에 이르렀다.

자매들을 만날 때면 늘 시간이 거꾸로 흐르는 듯하다. 물리적인 나이는 어느덧 수십 년이 흘러 이순을 바라보게 되었지만 정서적인 나이는 아직도 어린 유년 시절에 머물러 있는 듯하다. 물론, 세월의 흐름에 따라 외모는 달라졌지만 우리 관계에는 확실하고 분명한 변화가 생겼다. 예전엔 부모님의 사랑과 관심을 차지하기 위해 치열하게 경쟁했다면 이제는 그 자리에 애틋함과 그리움이 대신하고 있었다. 그런 연유로 이젠 더 나이 들기 전에 더 자주 보기로 했고 시간 날 때마다 여행 다니며 더 많은 시간을 함께하자고 의기투합했다.

네 자매 중 가장 생각이 깊고 사찰한 셋째가 나서서 모임 이름을 공모하자고 제안했다. 모두 공감하며 네 자매의 특징을 담은 참신한 모임명이 나오길 기대한 결과, 네 명이라는 것에 초점을 맞춘 '동방불패', 봄, 여름, 가을, 겨울 4계절을 담은 'four season', 서로 양보가 없어 두 가지 모임명을 합친 '동방불패 포시즌' 등의 이름들이 나왔다. 네 자매 막내인 넷째의 별명은 '꼭지'다. 딸 넷 이후에 남동생이 태어나 붙여진 별명이다. 어릴 적부터 책을 많이 읽어 네 자매 중 가장 똑똑한 꼭지가 나섰다.

"언니들! 동방불패 포시즌은 너무 긴 것 같아, 임전무퇴가 어떨까?"

임씨 자매들 네 명이 세상에 도전함에 있어서는 물러섬이 없다는 뜻으로 우리들 이미지와도 잘 어울리는 듯했다. '동방불패 포시즌' 보다 한결 간결하면서도 임팩트 있는 제안에 모두 동의하며 네 자매의 모임 명은 '임전무퇴'(任戰無退)로 정해졌다.

유년 시절 할머니와 할아버지를 비롯한 대가족이 함께 살던 집에는 좋은 것, 맛있는 것은 언제나 할아버지, 아버지, 남동생이 우선이었다.
나머지 가족들은 눈치 빠르게 요령껏 차지하는 것이 장땡이었다. '가지 많은 나무에 바람 잘 날 없다' 더니 여자 형제가 많다 보니 아침마다 양말, 속옷 쟁탈전은 다반사요, 비 오는 날 아침이면 우산 전쟁이 벌어지곤 했다. 그때마다 준비성이 좋은 셋째는, 전날부터 필요한 것들을 미리미리 챙겨놓아 낭패를 보는 일이 거의 없었다. 반면 게으를 정도로 늘 느긋했던 나는 첫째임에도 불구하고 살이 부러진 우산을 쓰고 등교하는 일이 잦았다. 서열에 밀린 막내도 늘 억울한 일상을 보냈다.
나이가 들어도 사람의 성격은 쉽게 변하지 않는 법이다. 나이가 들어 자매들이 모여 '임전무퇴' 여행 계획을 세울 때도 자연스레 셋째가 총

괄을 맡았다. 유년 시절처럼 민첩하고 계획적인 셋째가 여행 일정과 방법 등을 자세히 짜고 여행 전문가인 넷째와 상의하며 더 좋은 방안을 모색해 안내한다. '왈가닥' 이라는 별명을 가진 둘째는 나보다 한 살 어린 동생이지만 키도 더 크고 힘이 좋아 어릴 적부터 결코 만만치 않은 상대였다.

어쩌다 억울한 일이 생기면 밤새 한 숙제를 숨겨놓는 수법으로 언니를 골탕 먹이기 일쑤였지만 나이가 들면서 멋과 맛을 알고 기분파라 술 한잔 기울이면 분위기를 UP 시키는 분위기 메이커다. 어릴 적 발견하지 못했던 네 자매의 완벽한 조합이다. SRT가 가는 곳은 어디든 만남의 장소가 된다. 만나면 기억의 매듭을 풀고 웃고 또 웃는다. 웃음이 나오는데 눈물도 함께 나온다. 네 자매는 이태원을 휘젓고 다니며 옷을 입었다 벗었다 쇼핑도 하고 부산 해운대에서 낭만을 즐기며 와인 한 잔을 나누기도 한다. 때론 리조트에서 검정 수영복과 수모를 쓰고 네 마리 펭귄처럼 뒤뚱거리며 유수 풀에서 아이처럼 놀기도 한다.

올봄, 봄꽃보다 더 예쁜 네 자매의 꽃놀이는 어디로 향할지 기대가 된다. 연년생 네 자매를 낳아주시고 곱게 키워주신 부모님께 감사드린다.

# 친구

친구란 보통 오래 사귀며 정이 깊어진 사람을 말한다. 그 중에서도 우리가 말하는 진정한 친구는 그리 많지 않은 것 같다. 어릴 적 소꿉놀이를 같이 하던 오랜 동네 친구나 학교에 다니며 미운 정 고운 정이 들고 함께 나눌 추억들이 있는 친구들 말이다. 그런 추억들이 있기에 오해가 생겨 서로 다투기도 하고 주먹 다툼을 하거나 머리끄덩이를 잡고 싸우는 한이 있더라도 친구 관계는 쉽게 끊어지지 않는 법이다.

요즘엔 친구를 신청하는 시대가 되었다. SNS에서 생전 모르던 사람과 친구가 되고 이웃도 된다. 하루아침에 여러 명의 친구가 생기기도 하고 또 사라지기도 한다. 하루종일 친구와 이웃을 만들기 위해 애쓰는 사람들도 늘고 SNS 인플루언서처럼 이를 직업으로 삼는 사람들도 많다. 초등학생들의 장래 희망이 유튜버가 되고 SNS에 이웃과 친구의 수가 많거나 구독자 수에 따라 돈이 되는 세상이 된 것이다. 최근 우리 청소년들은 하루 평균 5시간, 주말에는 7시간 정도 휴대폰을 사용한다는 연구 결과가 나왔다. 이런 현상이 청소년만의 문제는 아니다. 성인들도 마찬가지다. 장시간 휴대폰의 노출로 시력을 악화시키고 건강에 좋지 않다는 것을 잘 알면서도 SNS 이곳저곳을 들락거리느라 바쁘다. 그야말로 '카페인 중독'이다. 카페인 중독이란 카카오톡, 페이스북, 인스타그램 중독을 줄인 말이다. 친한 사이건 친한 사이가 아니건 굳이 그들의 이야기를 들여다보느라 온 지구촌 사람들이 난리다.

얼마 전 대학 시절부터 친하게 지낸 다섯 명의 친구들이 SNS 사용 문제로 다투다 결별하게 된 일이 있다.

각지에 흩어져 살고 있는 친구들이어서 모임 날짜를 정하는 데는 카톡방 만한 것이 없는데 다섯 중 가장 리더십이 있어 모임을 이끌었던 친구가 SNS를 하지 않았기 때문이다. 예전엔 의견이 달라도 얼굴을 마주 보고 해결 방법을 찾았기에 별문제가 없었지만 나이가 들다 보니 서로 다른 사람 말은 듣지 않고 자신의 입장만 반복하는 증세가 생겼다. 결국, 넷 중에 한 친구가 강력하게 반발하였고 수용하지 못하겠다는 그 친구와 결별을 선택하였다. 삼 십 년 넘게 사귄 다섯 명의 벗이 이젠 네 명이 되었다. 탈퇴한 그 친구는 모바일 메신저를 버린 뒤 일상의 변화가 왔다고 한다. 먼저 명퇴한 친구들 뒤를 이어 그 친구도 명퇴를 했고 그동안 그룹 채팅방에서 무의미한 수다로 인한 피로감에서 해방되며 큰 자유를 얻었다고 하였다.

여전히 우리 네 명은 카톡 방에서 모임 날짜를 정하고 여행지를 묻고 답한다. 어느 때는 공릉천 습지 보호구역 청원 신청을 안내하기도 하고 노회찬 재단 후원회원 상영회 후기를 올리기도 한다. 또 어느 때는 미술관 전시회를 소개하기도 하고 가끔은 해외여행 중에 찍은 사진을 툭 올리기도 한다. 가급적 길지 않은 소통을 이어가며, 서로의 안부를 확인한다.

우리는 점점 '접촉' 보다 '접속' 이 익숙한 시대를 살아가고 있다. 하지만 접속하는 친구가 아무리 많아도 직접 만나는 친구 한 명이 더욱 소중하다는 생각이 든다. 우리 친구 다섯 명이 잠시 접속 불량으로 소통이 불통되었지만 언젠가는 옛이야기를 나누며 다시 접촉할 날이 오기를 기다린다. 오늘따라 SNS 세상에서 탈출하여 용기 있게 세상을 살아가고 있는 그 친구가 보고 싶어진다.

# 뿌리와 날개

공부란 무엇일까? 신영복 선생님은 '하늘과 땅을 사람이 잇는 것'이 공부라고 하셨다. '공(工)'은 위의 획(一)이 하늘, 아래의 획(一)이 땅이며, 이를 잇는 구조다. '부(夫)'는 하늘과 땅 사이에 사람(人)이 있는 모습으로, 역시 사람의 연결을 의미한다.

하늘이 높고 햇살이 기분 좋았던 어느 가을날, 점심을 먹고 지인과 함께 정원을 산책했다. 곱게 물든 단풍나무 옆을 지날 때였다.

"혹시 단풍나무 씨앗을 보신 적 있나요?"

"아니요."

"아 그러면 이쪽으로 와 보세요. 이게 단풍나무 씨앗이에요."

"어머~ 날개처럼 생겼네요?"

"네. 맞아요. 이게 날개예요. 날개를 펴고 바람 타고 날아가 종자 번식을 하죠."

"어머나 신기해라. 어쩜 이렇게 똑똑하대요. 자연의 섭리가 정말 오묘해요."

감탄과 감동을 하며 가운데 씨앗을 사이에 두고 양 옆으로 두 개의 날개를 달고 있는 단풍나무 씨앗을 들어 손가락으로 팽그르 돌려 날려 보니 가볍게 허공으로 날아오르는 모습이 재미있어 한참을 어린 아이처럼 단풍나무 씨앗을 돌렸던 기억이 있다.

독일의 문학가 괴테도 평소 식물을 유심히 관찰했다고 한다. 식물은 서로 반대 방향으로 성장하는데 한쪽은 중력에 이끌려 땅 속으로 파고 들고 다른 한쪽은 중력을 거슬러 허공으로 뻗는다. 그는 이 식물을 깊이 관찰한 결과를 조상과 가정, 교육까지 확장시켜 '부모가 아이에게 주어야 할 가장 중요한 유산은 뿌리와 날개다.' 라고 말했다. 뿌리가 튼튼하면 줄기도 힘이 있고 단단해 풍성한 열매를 맺을 수 있다. 그러므로 부모는 자녀들이 힘차고 올곧게 자랄 수 있도록 좋은 양분을 제공해야 한다.

또한, 부모는 자녀에게 날개를 달아주어야 한다. 원하는 것을 자유롭게 선택하고 도전할 수 있도록 격려해, 그들이 자신의 잠재력을 펼치며 독립적으로 살아갈 수 있도록 도와야 한다.

부모는 자녀에게 뿌리와 같다. 세종대왕도 『용비어천가』에서 "뿌리 깊은 나무는 바람에 흔들리지 않으니 꽃 피고 열매가 많다"고 하셨다. 깊은 뿌리를 내린 나무가 바람에 쉽게 흔들리지 않듯, 부모는 자녀가 흔들리지 않도록 든든히 지탱해 주어야 한다. 건강하고 정성 가득한 집밥, 따뜻한 말 한마디, 다정한 눈빛과 아낌없는 칭찬은 아이가 거친 세상 속에서도 쉽게 흔들리지 않게 한다. 물론 바람 부는 날엔 가지도 흔들린다. 우리 아이들도 살면서 흔들릴 수밖에 없다. 하지만 나뭇가지에 앉은 새들이 가지가 아닌 자신의 날개를 믿듯, 아이들도 자신을 믿고 다시 날아오를 수 있기를 바란다.

따뜻한 봄날이면 동그란 민들레 씨앗이 온 세상으로 자유로운 여행을 떠나듯, 청명한 가을날엔 헬리콥터 프로펠러 같은 단풍나무 씨앗이 먼 비행에 나서듯, 세상 모든 자녀들도 자신만의 날개를 믿고 멋진 꿈을 향해 마음껏 비상하기를 바란다.

# 대추 한 알

어릴 적 우리 집 뒷마당엔 오래된 대추나무가 있었다. 할머니, 할아버지께서 그 대추나무를 무척 아끼셨지만 나는 대추나무보다는 장독대 옆 감나무를 더 좋아했다. 감은 홍시로 먹어도 좋지만 곶감은 무엇과 비교할 수 없기 때문이다. 반면 대추는 성가신 씨를 뱉고 나면 먹을 것도 별로 없다. 차례상 맨 앞줄에 올리는 순서는 대추(棗), 밤(栗), 배(梨), 감(柿) 순이지만 나는 거꾸로 대추보다는 밤을, 밤보다는 배를, 배보다는 감을 더 좋아했다.

할아버지께서는 제사를 지낼 때 이 순서를 꼭 지켜야 한다고 말씀하셨다. 그 이유로 대추는 씨가 하나라서 임금을, 한 송이에 세 톨이 들어 있는 밤은 삼정승을, 씨가 여섯인 배는 육조 판서를, 여덟 개의 씨가 들어 있는 감은 조선 팔도를 상징한다고 알려주셨다. 대추나무는 다른 나무에 비해 유난히 가지가 많은 만큼 열매가 대롱대롱 많이도 열린다. 그러니 예부터 집집마다 대추나무를 심었던 것은 제사상을 위한 이유도 있지만 가문의 번창을 기원하는 마음이 담겨 있었던 것이다.

  대학을 졸업하던 해, 어린 신부가 된 나는 결혼식이 끝나자마자 집안 어른들께 폐백을 드려야 했다. 폐백을 본 적도 없고 어떻게 하는지도 모른 채 어른들을 졸졸 따라갔다. 친정 식구들의 얼굴은 어디에도 보이지 않았고 처음 보는 낯선 어른들만 나를 둘러싸고 구경하고 계셨다. 마치 세상에 혼자 버려진 듯한 느낌이었다.
  시부모님께 절을 드리는 것을 시작으로, 한 분 한 분 시댁 어르신들께 큰절을 올리면 어른들이 치마폭에 밤과 대추를 던져주셨다. 남편과 나는 흰 천을 맞들고 있다가 어른들이 던져주는 밤과 대추를 하나도 놓치지 않겠다는 각오로 호흡을 맞춰 받아내며 어르신들의 웃음을 자아냈다. 나중에 알고 보니 조신하게 받아야 하는 것이었는데 아무도 알려주지 않아 그렇게 된 일이었다. 씨가 있는 대추는 아들을, 씨가 없는 밤은 딸을 상징한다는데 신혼여행길에 싸주신 간식 꾸러미를 열었을 때 유독 대추가 많았던 기억이 난다.

몇 년 전, 고덕 집에 대추나무를 몇 그루 심었다. 자리를 잘 잡아 심었어야 했는데, 처음에 잘못 심은 탓에 해마다 이리저리 옮겨 다니는 천덕꾸러기 신세가 되었다. 밭 테두리를 사방으로 막아 닭장과 연결해 놓는 바람에, 대추나무는 어느새 닭들의 놀이터가 되고 말았다. 우리 닭들은 식성이 좋아 대추가 익을 때마다 용케도 모두 먹어 치워 한 톨도 남지 않았다. 애써 옮겨 심은 보람도 없었다. 그나마 개집 앞에 있는 한 그루라도 제자리에 잘 자라주면 좋으련만 그 나무조차 비뚤게 심겨 있어 볼 때마다 내 고개도 나무처럼 삐딱해지는 것 같아 신경이 쓰인다. 조만간 또 옮겨 심어야 할 것 같다. 주인 잘못 만나 괜한 고생만 하는 신세다.

오래 전, 시험에 여러 번 낙방한 경험이 있다. 한두 번쯤은 약이 되겠지만 세 번, 네 번, 다섯 번의 낙방은 실망이 이만저만이 아니었다. 결과 발표 후, 여기저기서 전화가 빗발쳤다. 마음을 추스를 시간이 필요했지만 사람들은 그냥 두지 않았다. 전화를 받고 싶지 않은 마음도 헤아려주면 좋으련만 어떤 분은 받을 때까지 밤낮으로 전화를 걸어왔다. 걱정과 위로의 마음은 고맙지만 정작 위로가 되지 않았다. 며칠이 지난 뒤, 어떤 분에게 문자 한 통이 날아왔다. 아무런 말없이, 장석주 시인의 시 〈대추 한 알〉 한 편이 전부였다.

저게 저절로 붉어질 리는 없다/ 저 안에 태풍 몇 개/ 저 안에 천둥 몇 개 / 저 안에 벼락 몇 개/ 저 안에 번개 몇 개가 들어 있어서 / 붉게 익히는 것 일게다/

저게 저 혼자 둥글어질 리는 없다/ 저 안에 무서리 내리는 몇 밤/ 저 안에 땡볕 두어 달/ 저 안에 초승달 몇 날이 들어서서/ 둥글게 만드는 것일 게다/ 대추야/ 너는 세상과 통하였구나.

백 마디 말보다 더 큰 위안이 되었고 상한 마음도 말끔히 정리되었다. 신기한 일이다. 대추는 작지만 그 안에 아주 큰 힘이 담겨 있다. 오랜 시간 자연이 빚어낸 것이기에, 작은 한 알에도 온 우주가 깃들어 있다. 사람도 하나의 소우주와 같다. 살다 보면 대추처럼 누구나 태풍과 천둥, 벼락과 번개 같은 시련을 만난다. 무서리와 땡볕 같은 고통스러운 날들도 올 수 있다. 그럴 때마다 잘 이겨내고 꿋꿋하게 견디어 낸 사람들이 있다. 그들은 세상을 품고 사람을 품어, 누군가에게 위안을 줄 수 있는 힘을 가진다. 작지만 나도 누군가에게 위로가 되는 사람이 되고 싶다. 대추 한 알처럼.

# 소울 푸드 soul food

"당신이 무엇을 먹었는지 말해 달라. 그러면 당신이 어떤 사람인지 말해주겠다."

프랑스 미식가 브리야 사바랭이 『미식 예찬』에서 쓴 글이다. 내가 먹는 것이 곧 '나'이며, 우리가 먹는 음식이 곧 우리의 미래라는 뜻이다. 누구나 소울 푸드 하나쯤은 갖고 있다. 먹으면서 절로 미소가 지어지고 마음에 깊은 위안을 주는 음식 말이다. 우리 집 아이들이 가장 좋아하는 음식은 된장죽이다. 냉이가 나오기 시작하는 2월, 아직 겨울의 찬 기운이 남아 있을 때 먹으면 제격이다.

된장죽에 들어가는 재료는 간단하다. 시금치와 콩나물, 냉이뿐이다. 우선 쌀을 씻어 쌀뜨물을 받아놓고 쌀을 불린다. 그러는 사이 시금치와 콩나물, 냉이를 다듬는다. 겨울 시금치는 달디달다. 겨울을 이겨내고 나온 냉이는 향이 강하다. 비교적 다듬기 까다로운 냉이를 깔끔히 다듬어 놓으면 마음도 정갈해진다. 다듬어 놓은 시금치와 콩나물, 냉이를 깨끗이 씻어 소쿠리에 담아 놓으면 속재료 준비는 끝난다.

다음으로는 국물이다. 구수한 된장 국물의 베이스는 멸치다. 국물 내는 대 멸치 두 움큼을 꺼내 머리와 똥을 떼고 반으로 갈라 프라이팬에 노릇노릇 덖어낸다. 한 번 덖은 멸치로 육수를 내면 더욱 깊고 진한 맛이 나기에 생략할 수 없다. 된장국은 한 번 하면 여러 끼를 먹고 야심한 밤에 간식으로도 먹기에 한 번 할 때 양을 많이 하는 편이다. 그러자니 솥단지도 큰 놈이어야 한다.

큼지막한 솥단지에 받아둔 쌀뜨물을 넣고 물을 조금 더 부은 뒤 멸치를 넣고 불에 올린다. 멸치 육수에 맛있는 된장을 풀고 불린 쌀을 넣는다. 된장 국물이 펄펄 끓기 시작하면 쌀이 바닥에 눌어붙지 않도록 휘휘 저어준다. 간을 맞추기 위해 집간장과 외연도에서 사 온 맛있는 멸치 액젓도 몇 수저 넣는다. 멸치 비린내를 없애고 칼칼한 맛을 더하기 위해 고춧가루도 조금 넣는데, 고덕 이웃집 아주머니가 직접 농사지어 건조한 태양초라 아주 매워서 조금만 넣어야 한다. 5~6분 정도 지나면 이제 준비된 야채를 넣는데, 순서가 매우 중요하다. 콩나물을 먼저 넣고 잘 익을 때까지 솥뚜껑을 열지 않아야 된다. 콩나물 비린내가 날 수 있기 때문이다. 다음은 냉이다. 냉이 뿌리가 두꺼워 익는 데 시간이 걸린다. 마지막으로 남해에서 올라온 섬초 시금치를 넣고 바닥이 눌어붙지 않도록 휘휘 저어주면 끝이다.

김장김치 하나만 달랑 올린 식탁에 온 가족이 옹기종기 모여 앉는다. 찰름찰름 가득 담은 뜨끈한 된장죽 한 그릇씩을 깨끗이 비워낸다. 쌀 한 톨 보이지 않는 국대접은 공양 마친 발우처럼 설거지할 필요도 없을 정도다. 그릇 달그락거리는 소리와 쩝쩝거리는 소리가 웃음소리와 어우러져 아름다운 '밥상 교향곡'을 만든다. 한밤중이면 뒷베란다를 들락거리는 문소리가 바쁘다. "죽이라서 쉽게 꺼져 배가 고프다"라며 한 그릇, "죽은 차갑게 먹어야 제 맛"이라며 또 한 그릇. 그렇게 겨울밤이 깊어 간다.

뜨끈한 된장죽 한 그릇은 음식이 아니라 보약이다. 소화가 잘 될 뿐 아니라 감기, 스트레스도, 몸살까지 한꺼번에 날려버린다. 된장죽을 먹고 자란 아이들이 자라서 또 하나의 가정을 이루었다. 훗날 자기 아이들에게도 엄마가 끓여주던 된장죽을 만들어 줄 것이다. 그 아이들이 먹고 자란 된장죽이, 그 아이들과 그들의 아이들의 미래다. 우리의 미래다.

# 가장 넓은 길

살다 보면/ 길이 보이지 않을 때가 있다/ 원망하지 말고 기다려라/ 눈에 덮였다고/ 길이 없어진 것이 아니요/ 어둠에 묻혔다고/ 길이 사라진 것도 아니다/ 묵묵히 빗자루를 들고/ 눈을 치우다 보면/ 새벽과 함께/ 길이 나타날 거이다/ 가장 넓은 길은/ 언제나 내 마음 속에 있다.

힘들 때 양광모 시인의 '가장 넓은 길'을 읽으면 마음이 편안해지고 머리가 맑아진다. 내가 좋아하는 구절인 "가장 넓은 길은 언제나 내 마음속에"는 2024년 수능의 필적 확인 문구였다. 수능 필적 확인 문구는 시험 시작과 함께 동시에 적는 문구로, 2005학년도 수능에서 대리시험 등 대규모 부정행위가 적발되면서 본인 확인을 위해 도입되었다. 한

국교육과정평가원은 국내 작가의 작품 중 '밝은', '맑은', '희망'과 같은 단어가 포함되어 수험생에게 희망을 줄 수 있는 문구를 선정하는데, "가장 넓은 길"은 수험생들에게 깊은 위안과 희망을 줄 수 있는 최적의 문구라고 생각한다.

양광모 시인은 자신을 실패 전문가라고 말하는데 그 이유는 대학 입학시험에 네 번이나 떨어졌고 세 번의 사업에 연이어 실패했으며, 세상을 바꾸겠다며 출마한 선거에서도 두 번이나 낙선했기 때문이다. 다양한 실패 경험을 가진 그지만 실패는 그저 몇 푼 안 되는 수업료에 불과하며, 한두 번의 실패가 평생을 좌우하지 않는다고 말한다. 그의 실패 경험을 녹여 켜켜이 쌓아 놓은 글이어서 그런지 깊은 울림을 준다.

우리는 살면서 수없이 많은 길을 만난다. 반듯한 길, 구부러진 길, 오르막길, 내리막길, 앞으로 나아가도 길은 계속해서 어디선가 또 다른 곳으로 이어진다. 살다보면 막다른 길을 만나 길이 보이지 않을 때가 있다. 하지만 정신을 가다듬고 자세히 살펴보면 개구멍도 찾을 수 있고 때론 샛길도 만날 수 있다. 운이 좋으면 그 길이 지름길이 되기도 한다. 없던 길도 한 사람이 다니고 또 한 사람이 다니다 보면 길이 생기듯, 큰 비가 그치고 나면 새로운 물길이 생기기도 하고 깊은 숲에는 바람이 다니는 길도 반드시 있다. 길은 언제나 어디에나 있다. 온 세상이 모두 길이다.

 어느 깊은 가을 금요일 늦은 퇴근길에 겪었던 일을 생각하면 지금도 눈앞이 캄캄하다. 금요일은 차가 막히는데, 하필 연휴가 시작되는 날이라 멀리서도 전조등을 켠 차들이 줄지어 서 있었다. 평소에도 급할 때 자주 이용하던 길이라 주저 없이 샛길로 들어섰다. 예식장을 지나 샛길로 접어들면 곧 논둑길이 시작된다. 논둑길에 들어선 지 한참 지나자 안개가 자욱했다. 지름길이라 시간을 단축할 거라는 생각은 큰 오산이었다. 전조등을 켜고 천천히 가자는 생각에 몸을 곧추 세우고 살금살금 차를 몰았다. 그런데 길이 전혀 보이지 않았다. 사방이 안개로 뒤덮여 있었다. 큰길에는 안개가 없었는데, 앞·뒤·좌·우 모두 안개 속이라 내 차만 운무 속에 둥둥 떠 있는 비행기 같았다. 더럭 겁이 났다. 앞으로 갈 수도 없고 뒤로 돌아갈 엄두도 나지 않았다. 길이 보이지 않아 조금만 잘못 방향을 틀면 논으로 빠질 것 같아 이러지도 저러지도 못하고 울고 싶었다. '침착하자, 침착하자. 지금 나를 도와줄 사람은 없다. 정신을 바짝 차리고 이곳을 빠져나가야 해.' 정신을 가다듬고 엉금엉금 앞으로 나아갔다. 10분 거리를 두 시간 만에 빠져나왔다. 지름길로 가려다 황천길로 갈 뻔한 아찔한 경험이다.

이제 곧 수능이다. 50만 명의 수험생들은 지금 이 순간에도 자신의 길을 찾기 위한 사투를 벌이고 있다. 공부를 하다 보면 길이 막혀 보이지 않을 때도 있고 오르막길 앞에서는 포기하고 싶을 때도 있다. 안개에 싸여 길인지 아닌지 도무지 알 수 없는 순간도 있을 것이다. 두렵고 막막하며 펑펑 목 놓아 울고 싶은 순간도 있을 것이다. 그러나 길이 보이지 않는다고 그 길이 없어진 것도 사라진 것도 아니다. 남은 시간도 묵묵히 연필을 들고 또박또박 문제를 풀다 보면 새벽과 함께 길이 나타날 것이다. 가장 넓은 길은 언제나 마음속에 있다.

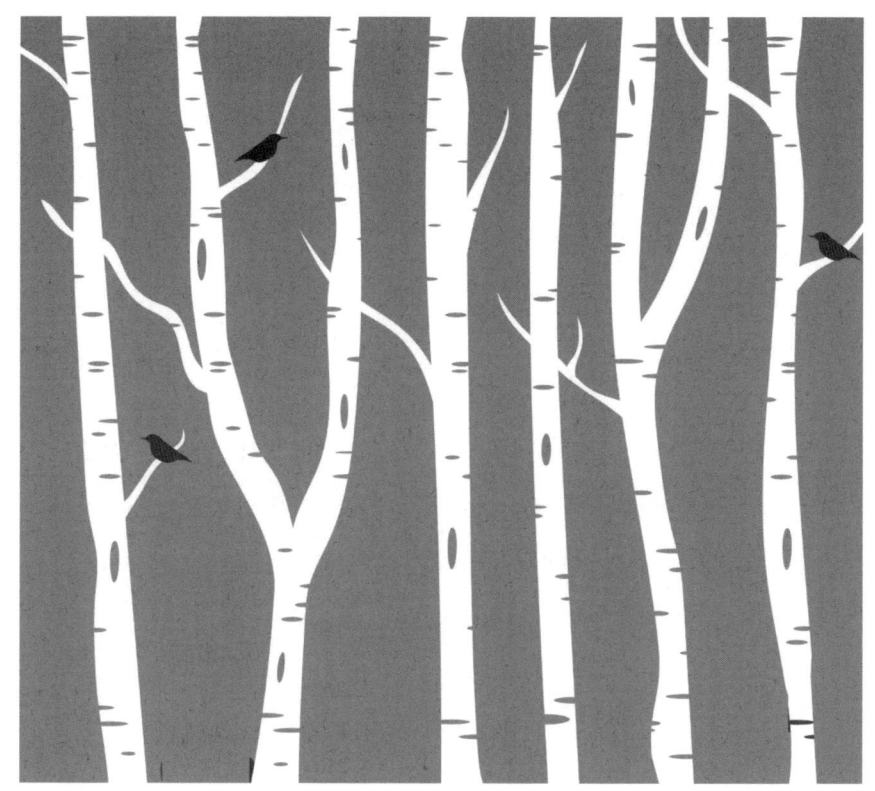

# 아! 감자

이번엔 감자다. 도라지, 더덕 농사에 이어 세 번째 실패다. 남편은 농사짓는 법을 배운 적이 없는 초보 농군이다. 매사 낙관적이고 호기심이 많은지라 하고 싶은 일은 어떻게 해서든 해보아야 한다. 처음부터 실패라는 것은 안중에 두지 않는다. 하지만 거창했던 기대는 늘 어긋난다. 몇 년을 두고 도라지도 심어보고 더덕도 심어 보았지만 농사는 매년 신통치 않았다. 전문가라면 한 가지 작물을 심어보고 실패하면 원인을 찾아 연구한 후 다시 도전해 보며 그 작물을 계속 심어야 할 것 같은데 한 번 실패하면 그걸로 끝이다. 비용도 만만치 않다. 유통과정에서 낮은 경매 가격으로 가락 농산물 시장에 넘기다 보니 그동안 들인 노동력은 고사하고 비용은 수익에 못 미치는 정도가 아니라 손해가 이만저만이 아니다. 차라리 그 돈으로 도라지, 더덕, 감자를 사 먹었으면 아마도 십

년 간은 실컷 먹을 수 있었을 것이다. 도통 농사엔 소질이 없는 것 같은데 물러설 생각이 없다. 몇 년 전 취미로 농사를 시작하면서 양파를 심었을 땐 양파가 마늘 크기만 했고 마늘을 심었던 것은 콩알보다 조금 컸다. 그렇게 작은 양파와 마늘은 난생 처음이었다. 틈실한 양파와 알이 굵은 마늘을 기대했건만 정작 너무 보잘 것 없는 탓에 남에게 주지도 못하고 일 년 내내 그 작은 마늘을 까서 먹느라 고생했던 기억만 생생하다. 그래서인지 양파와 마늘을 심었던 자리엔 또 다른 작물들이 자리했다.

올핸 감자에 꽂혔다. 남편은 그동안 묵혀두었던 밭에 본격적으로 감자를 심어보겠다고 하더니 밤낮으로 유투브를 들여다 보며 공부를 하였다. 꽤 넓은 평수여서 씨감자도 많이 샀다. 3월에 씨감자를 사오더니 2~4등분으로 잘라야 한다고 하였다. 열 박스나 되어 이웃집 아주머니 도움을 받아 하루종일 감자를 잘라 플라스틱 박스에 넣어 싹을 틔웠다. 4월 초, 이번엔 외국인 근로자 도움을 받아 감자를 심었는데 처음부터 잘못 되었다. 초보 농군의 아내인 나는 남편보다 더 생초보이기 때문에 씨감자 자르기를 잘 못한 것이다. 씨감자의 싹이 나 있는 부분을 모두 잘라야 하는데 2~4등분으로 자르라고 시킨 대로 하다 보니 감자 싹이 한 구멍에서 여러 개가 나오는 바람에 한 개만 남기고 나머지 싹들을 잘라주는 작업을 한 번 더 해야 하는 수고를 하게 된 것이다. 일을 줄여 주려다 일을 보탠 꼴이다. 그동안 비가 오지 않아 물시중도 열심히 들고 때맞춰 약도 주고 해서 남편은 감자 작황이 아주 좋을 것으로 내심 기대했다. 아마도 300박스는 족히 나오지 않겠느냐며 지금 모두 헐값으로 가락 농산물 도매시장으로 넘기지 않고 일단은 저온 창고에 보관 했다가 겨울에 넘기겠다는 생각이었다. 이웃에 사과 농사 짓는 지인에게 전화를 걸어 저온 창고를 사용해도 되겠느냐고 묻자 본디 사과는 다른 작물과는 함께 보관해선 안된다고 단박에 거절 하였다. 다시 이웃집 아주머니에게 부탁을 드리니 감사 농사가 잘되었나 보라고 얼마든지 써도 된다고 말씀하셨다며 좋아했다. 수확도 하기 전에 저온 창고까지 미리 확보를 해 놓았다. 그야말로 떡 줄 사람은 생각도 않는데 김칫국부터 마신 것이다.

드디어 6월! 이른 더위로 햇빛이 무섭게 따가운 날 라오스에서 온 외국인 근로자 두 명이 왔다. 우선 감자 넝쿨을 모두 자르고 감자밭의 비닐들을 벗기는데 하루가 꼬박 걸렸다. 다음 날 아침 일찍 감자밭에 도착해보니 외국인 근로자들이 벌써 와 있었다. 경운기로 밭을 갈아주실

지인분도 우리보다 먼저 와 계셨다. 감자를 주워주겠다고 찾아오신 지인 두 분도 금방 도착하셨다. 9시도 되기 전부터 '대망의 감자 캐기 대작전'이 시작되었다. 한 분이 경운기로 감자밭을 갈아엎으면 나머지 사람들은 감자를 박스에 주워 담는 일이다. 모두 7명이 일사불란하게 움직였다. 오후에 한 분이 더 오셔서 일꾼은 모두 8명이 되다 보니 생각보다 일이 일찍 끝났다. 다시 말하면 감자 수확량이 많지 않았다는 말이다. 300박스를 기대했던 게 무색하게 100박스도 채 나오지 않은 것이다. 이번에도 어김없이 '폭망'이다. 저온 창고까지 빌려 놓았건만 이를 어쩐다. 삐질삐질 흐르는 땀과 꼬질꼬질 흙투성이가 된 모습으로 감자를 상품, 중품, 하품으로 분류까지 마치고 나니 거의 다섯 시가 되었다. 그래도 비가 쏟아지기 전에 일을 끝냈으니 그나마 다행이었다.

다음 날 아침 일어나려니 온 몸이 쑤셨다. 머리와 왼 팔을 제외한 모든 근육이 아파 움직일 수가 없었다. 구석구석에 알이 배긴 것이다. 그동안 쓰지 않던 근육을 감자를 주워내느라 앉았다 일어섰다를 수 백번 반복하며 감자 박스를 끌고 다닌 결과다. 할 수 없이 약국에 가서 근육이완제와 진통제 처방을 받아 약을 먹었다. 너무 아픈 나머지 "나 감자 안 먹어! 내가 감자를 먹나 보자!" 투정했는데 요즘 우리 집 식탁은 감자 파티다. 감자전, 감자볶음, 고추장 감자찌개, 감자국, 감자조림 그리고 유투브 선생님에게 배운 오이감자 샐러드. 메뉴도 다양하다.

며칠 전 대전 친정집에 감자 배달을 다녀왔다. 동생들에게 줄 감자까지 다섯 박스를 실어다 놓고 오는 고속도로에서 운전석에 앉은 초보 농군에게 충격적인 말을 들었다. "여보! 우리 가을에 감자 심을까? 우리 집에 남은 감자들 뭐해. 그걸 가을에 심었다가 겨울에 내면 어때?"

오! 하늘이시여! 이 양반을 어찌합니까!

## 한 번에 한 가지만

현대 사회는 멀티태스킹(Multitasking)의 시대이다. 멀티태스킹이란 할 거리를 여럿 펼쳐놓고 이리저리 돌아가며 여러 가지 일을 동시에 처리하는 것이다. 멀리 갈 것도 없다. 요즘 집 안에서 보면 TV를 켜놓고 한 손엔 휴대폰을 들고 유튜브와 TV를 동시에 보고 있는 모습을 심심찮게 볼 수 있다. 또 식당에 가보면 식탁에 앉아 있는 가족 모두 제각기 휴대폰을 보며 카톡을 주고 받으며 음식을 기다리는 풍경을 흔히 볼 수 있다. 저녁 무렵 산책길에도 귀에 이어폰을 꽂고 걷는 사람들이 그렇지 않은 사람들보다 더 많은 것 같다.

우리 사회는 빠르게 변화하고 또 복잡하다. 사람들은 그것에 적응하기 위해 늘 허둥대고 허덕이며 살아간다. 이런 환경 속에선 멀티태스킹이 답인 것처럼 생각하는 사람들이 많다. 여러 가지 일을 동시에 처리하려 하며 그것이 안되는 사람들을 답답해 하고 무능력한 시선으로 바라보기도 한다. 나도 그랬다. 집에서는 육아를 하면서, 요리도 하고 빨래를 돌리는 일을 동시에 하고 직장에서는 늘 두 세 가지 일을 한꺼번에 돌리는 것이 다반사였고 심지어 동료들과 대화를 나누면서도 머리속으로는 다른 생각에 빠지는 일도 많았다. 여러 가지 일을 놓칠까 무서워 일의 우선순위를 정해놓고 시간 단위, 분 단위로 쪼개어 여러 가지 일을 한꺼번에 처리하곤 했었다. 그래야 하는 줄 알았고 그게 잘 하는 거라 생각했었다. 하지만 그것은 잘 못된 생각이었다. 멀티태스킹은 오히려 집중력을 분산시켜 업무의 질을 저하시킨다는 것이다. 멀티태스킹이라는 게 알고보니 인류의 퇴보라는 것이다.

오늘 불교대학 수업이 있었다. 저녁 시간에 하는 공부라서 좀 피로하던 차에 교재에 있는 글이 눈에 들어왔다. 선불교의 요긴한 지침서인 「돈오입도요문론」을 저술한 대주혜해大珠慧海 선사에게 원율사源律師가 찾아와 여쭈어 보는 내용이었다.

"평소에 불법공부를 어떻게 해야 합니까?"

"불법 공부? 불법 공부란 별 것이 아니야. 그저 배고프면 먹고 졸리면 잠을 자는 것이지."

"스님뿐만 아니라 세상 사람 모두가 그렇게 하고 있는데 그것을 불법 공부라고 한다면 세상 사람 모두가 도인이겠군요."

"아니지. 나는 세상 사람들과 다르지, 세상 사람들은 밥을 먹을 때 밥만 먹지 않고 이 생각, 저 생각, 이 공상, 저 망상을 끊임없이 하고 잠을 잘 때는 잠만 자지 않고 기와집을 몇 채씩 짓고 헐고 하는 꿈을 꾸지 않던가? 나야 어디 그런가? 밥 먹을 때는 밥만 먹고 잠 잘 때는 그저 잠만 잘 뿐이네."

한 번에 한 가지만 한다는 단순한 가르침이다. 한 번에 모든 걸 다 잘 할 순 없다. 한 가지만이라도 제대로 해야 한다. 어차피 우리 뇌는 한 번에 두 가지 이상의 일을 동시에 처리할 수 없다고 한다. 한 번에 한 가지 일을 한다는 건 너무 쉬운 일 같았다. 그래서 우선 밥상에서 실천해 보기로 했다. 밥 먹을 때 밥 만 먹는 것쯤이야. 그런데 생각보다 쉽지 않았다. 막상 밥에 집중하려니 다른 생각들이 스멀스멀 올라오기 시작하는 것이었다. 대주혜해 선사 말씀대로 밥 먹는데 이 생각, 저 생각, 이 공상, 저 망상들이 꼬리에 꼬리를 물고 일어나는 것이었다. 밥만 먹는 일이 이렇게 어려울 줄이야.

얼마 전에 참선 수업이 있었다. 스님이 참선 방법을 알려주시며 10분 정도 참선을 해보는 시간을 주셨다. 그 시간 동안 자신만의 화두를 생각하거나 아니면 숫자를 1부터 10까지 센 다음 다시 거꾸로 10부터 1까지 세는 것을 계속 반복해 보라고 하셨다. 처음엔 집중이 잘 되는 듯했는데 어느 순간 나도 모르게 샛길로 빠져버렸다. 슬그머니 낮에 있었던 일이 생각나는 바람에 중간에 숫자를 몇 까지 셋는지 잃어버려 다시 처음부터 세어 나간 일이 있었다. 죽비 소리와 함께 참선이 끝나자 스님은 한 사람씩 돌아가며 느낌을 말해보라고 하셨다. 의외로 거의 모든 사람들이 참선하는 동안 나처럼 숫자를 중간에 놓치거나 다른 생각들이 들어와 집중하기 어려웠다는 말을 듣고 놀랐다. 그들도 나처럼 짧은 참선 시간 10분조차 집중하기 어려운 것이다. 한 가지 일에 집중하지 못하고 마음이 시끄러운 것이다.

이제는 모노태스커(Mono Tasker)의 시대이다. 더 이상 멀티태스킹의 노예로 살지 말아야 할 일이다. 한 번에 한 가지만 하는 거다. 밥 먹을 때 밥알을 꼭꼭 씹으며 밥알의 윤기와 맛을 음미하고 오이지를 먹을 때는 오이 향을 느끼며 오도독 오도독 씹는 소리를 들으며 밥을 먹을 거다. 지금은 자야 할 시간이다. 밤새 기와집을 몇 채씩 짓고 헐고 하기 전에 얼른 잠을 청해야겠다.

# 어쩌다 살림

살림살이란 '살림'과 '살이'가 결합된 말로, 집안을 이루고 살아가는 일이다. 살림이 '살리다'의 명사형이니, 살림은 사람을 살리는 일을 의미한다. 사람을 살리는 직업이 의사라면 살림하는 사람은 가족의 생명을 돌보는 주치의라 할 수 있다. 집안에 아픈 사람은 없는지 살피고 필요한 것은 없는지 재빨리 알아차려 즉시 손을 써야 한다.

어쩌다 스물셋의 어린 나이에 주부가 되다 보니 살림을 배울 틈이 없었다. 학생에서 곧바로 살림하는 주부가 된 것이다. 아이를 낳고 기르며 직장생활을 병행하다 보니 살림은커녕 집안은 늘 폭탄 맞은 전쟁터 같았다. 체험 삶의 현장 속에서 살림살이는 늘 뒤죽박죽이었고 무엇이 있는지 없는지, 어디에 있는지 알 길이 없었으며, 굳이 알고 싶지도 않았다. 도무지 재미가 없고 세상에서 가장 어려운 일이었다.

  몇 년 전 이른 봄날, 우연히 살림 고수 중의 고수를 만났다. 고수가 살고 있는 한옥 고택에 들어서던 날, 노란 복수초와 밍크처럼 부드러운 버들강아지가 나를 반겼다. 난생 처음 보는 품격 있는 고택의 모습에 놀랐고 정갈하고 반듯한 집안 살림살이를 보고 또 한 번 놀랐다. 놀란 정도가 아니라 망치로 머리를 두들겨 맞은 것 같았다. 살림이 이토록 아름다울 수 있다니. 나의 살림과 대비되는 윤택한 덕운재의 살림은 예술 작품 그 자체였다.

  살림 고수와의 강렬한 만남 이후, 나는 비로소 살림에 관심을 갖게 되었다. 다소 늦었지만 살림하기에 너무 늦은 나이는 없다. 이제라도 살림에 발을 들여놓게 되어 다행이다. 살림을 하다 보면 어느새 잡생각이 사라지고 오로지 살림에만 집중하게 된다. 나의 부지런한 손길로 집안 구석구석이 하나하나 바뀔 때마다 희열을 느낀다. 뒤죽박죽 섞여 있는 살림들이 제자리를 찾아가면 엉켰던 실타래가 풀리듯 어느덧 스트레스도 사라진다.

  살림의 기본은 청소다. 집안을 쓸고 닦다 보면 복잡했던 마음도 청소가 된다. 양치하듯 화장실 타일 하나하나를 닦고 마치 스케일링하듯 타일 사이의 줄눈을 닦는다. 반짝반짝 광이 날 때까지 닦고 또 닦는다. 냉장고 청소도 빼놓을 수 없다. 지난 번 딸과 며느리가 왔을 때 마요네즈와 케첩의 유통기한이 지나 너무 오래된 것을 보고 흉을 보았던 일이 생각나 온갖 것들의 유통기한을 꼼꼼히 살핀다. 비울 것은 비우고 채울 것은 다시 채워 둔다.

살림의 핵심은 정성을 다하는 것이다. 내가 사랑하는 사람들을 위한 일이기에 더욱 소중하고 귀하다. 아이들이 오는 날이면 전날부터 분주하다. 침대 이부자리를 깨끗이 빨아 보송보송하게 건조시킨 다음 침대보를 씌우고 각을 잡아 주름을 반듯하게 편다. 백화점 세일 때 큰 마음 먹고 산 예쁜 그릇들도 꺼내 놓는다. 때와 장소에 맞게 옷을 입듯, 음식을 차릴 때도 음식에 맞는 그릇을 맞추면 기분이 좋아지기 때문이다. 아이들이 알아주면 고맙고 알아주지 않아도 흐뭇하다.

살림의 원리는 과학이다. 부엌에선 물과 불의 원리가 중요하고 시간도 다룰 줄 알아야 하기 때문이다. 김치나 된장, 고추장을 담글 때는 발효 기간과 온도를 정확히 맞춰야 하고 매실 효소를 만들 때는 너무 이르거나 너무 늦으면 제맛을 낼 수 없다. 봄, 여름, 가을, 겨울 계절별로 살림할 때를 놓치면 일 년이 난감할 수 있어, 날씨와 기온을 살펴야 하는 융합과학과 같다.

　배움에 끝이 없듯 살림에도 끝이 없다. 알아갈수록 살림의 영역은 매우 넓고 깊어 배우기 어렵지만 지속하고 유지하는 일은 더욱 어렵다. 살림 고수와 하수의 차이는 고수의 집은 늘 정돈되어 있지만 하수의 집은 어쩌다 정돈된다는 점이다. 살림 초보인 나의 살림은 해도 해도 티가 나지 않지만 안 하면 금방 티가 난다. 매일 아침 세수를 하면 얼굴이 맑아지듯 매일매일 살림을 하면 집 안이 밝아질 것이다. 봄이다. 살림은 더워도 추워도 해야 하는 일이지만 덥지도 춥지도 않은 봄날은 살림하기 딱 좋은 계절이다. 이제부터 다시 쓸고 닦고 치우고 정리하느라 한동안 몹시 바쁘고 행복할 예정이다. 살림은 사람을 살리는 일이 아니라 결국 나를 살리는 일이다.

오늘을 살아가다 2

## 초리와 보리

최근 반려견 장례식이 화제가 되고 있다. 1인 가구와 핵가족이 증가하고 반려동물 양육 비율이 늘어나면서 새로운 사회문제로 대두되었다. 반려동물의 종류는 다양하지만 그중 반려견이 473만 마리로 가장 많고 반려묘가 239만 마리로 그 뒤를 잇고 있다. 미국, 독일, 일본에서는 반려동물 장례가 보편적인 문화로 자리잡아 해당 산업이 전문화되어 있으나 아직 우리나라 정서에는 맞지 않다는 반응도 적지 않은 것 같다.

우리 집엔 풍산개 두 마리가 있다. 초리는 '눈치를 많이 본다'는 뜻으로 아들이 지어준 이름이고 보리는 초리의 동생이라 비슷한 이름을 찾다가 내가 지어준 이름이다. 본디 풍산개는 호랑이를 잡는 개라고 불릴 정도로 용맹한 견종이다. 추위와 질병에 견디는 힘이 강하고 사냥을 잘하며 사람을 매우 잘 따른다.

예전에는 애완동물에 관심이 없었으나, 2018년 9월 평양 남북정상회담에서 김정은 위원장이 문재인 대통령에게 '송강'과 '곰이'라는 이름의 풍산개 한 쌍을 선물한 것을 계기로 풍산개에 처음 관심을 갖게 되었다.

큰아이가 2019년 11월 결혼해 집을 떠나 허전하던 그즈음 초리가 우리에게 왔고 2년 뒤 둘째 아들이 결혼하던 그즈음 보리가 또 우리에게 왔다. 큰 집에서 혼자 지내던 초리가 외로워 보여 제주에서 데려온 보리는 겨우 어미 젖을 뗀 채 멀리 떨어진 이곳까지 왔다. 그렇게 초리와 보리는 오누이가 되었고 우리는 가족이 되었다.

보리는 초리의 사랑과 관심 덕분에 우리에게 경계심을 풀었고 초리 뒤만 졸졸 따라다니던 보리가 이제는 초리보다 서열이 높아진 것 같다. 그들 사이의 규칙인지 서열 때문인지, 언제부턴가 산책길에서도 보리가 앞서고 초리가 뒤선다. 피는 섞이지 않았지만 비가 오나 눈이 오나 항상 붙어 다니며 서로를 의지하고 온기를 나눈다. 저녁 때 고덕 집에 들려 초리와 보리와 함께 산책하는 것이 하루의 기쁨이다. 우리가 오기만을 기다리며 하루를 보내는 초리와 보리에게 집 밖으로 나와 온갖 냄새를 맡으며 산책하는 것은 큰 기쁨일 것이다. 비가 와도 눈이 와도 산책을 멈출 수 없는 이유다.

무더위가 시작되는 여름 초입 어느 날, 남편이 갑자기 '바리깡'을 들고 나타났다. 흰색 털이 굵고 촘촘하여 마치 북극곰처럼 풍성했기에 아이들이 유난히 더워 보였던 것이다. 유리 온실 그늘에 자리를 잡고 초리부터 털 한 톨도 남기지 않고 모두 밀어버리겠다는 일념으로 밀고 또 밀었다. 그렇게 초리와 보리는 입영 전야에 군대 보내는 아들처럼 까까머리가 되었다. 목욕을 마친 후 벌거숭이가 되었지만 아이들이 시원할 거라는 생각에 힘들어도 털 밀기를 잘했다고 자찬하며 기분 좋게 산책을 했다. 하지만 이것은 비극의 시작이었다.

시간이 지나도 털이 자랄 기미가 보이지 않았다. 언젠가 나오겠지 했지만 감감무소식이었다. 석 달쯤 지나 가을이 오자 그제야 초리는 털이 한 올 한 올 자라기 시작하며 예전 모습으로 돌아왔다. 하지만 보리는 가을이 지나 찬바람이 불기 시작하는데도 털이 나지 않아 결국 패딩 조끼와 방한복을 입고 추운 겨울을 나게 되었다. 호랑이를 잡는 풍산개가 패딩 옷을 입고 있다니…

목덜미와 엉덩이, 그리고 꼬리 부분은 털이 더욱 없어 예전의 멋진 모습을 찾기 어려울 것 같다. 산책할 때마다 원형 탈모증처럼 털이 듬성듬성 비어 있는 보리를 보면 애잔한 마음이 든다. 털이 자라지 않아도 여전히 쾌활하고 우리만 보면 꼬리를 살랑살랑 흔들며 반가워하는 모습을 보면 더욱 미안한 마음이 든다.

이제는 초리, 보리 없는 삶은 상상할 수 없다. 생각하고 싶지도 않다. 산책 중 목줄이 풀려 고삐 풀린 망아지처럼 한순간에 달아나 온 동네를 찾아 헤매며 애를 태운 기억을 떠올리면 지금도 몸서리가 쳐진다. 며칠 만에 거지꼴로 돌아온 초리를 끌어안고 얼마나 안도했는지, 그 마음은 아마도 그 아이들은 알 수 없을 것이다. 초리는 다섯 살, 보리는 세 살이다. 사람 나이로 치면 어느새 30~40대라고 한다. 초리, 보리와 함께 산책하며 오래오래 보내고 싶지만 주어진 수명이 있기에 혹여 어느 날 갑작스러운 이별이 찾아온다 하더라도 반려견 장례식장에서 초리와 보리를 보내는 일은 없을 것이다. 헤어질 때 호화로운 장례식보다는 함께하는 동안 서로를 위로하며 행복한 시간을 갖는 것이 더 중요하다고 생각하기 때문이다. 그들의 마음도 우리와 같을 것이다.

# 세심천 洗心泉

하루 일과를 마치고 해가 질 무렵 나는 어김없이 온천에 간다. 엄밀히 말하면 온천을 마치는 일까지가 하루 일과인 셈이다. 뜨끈뜨끈한 온천수에 몸을 담그면 세상 부러울 것이 없다. 오늘 하루를 열심히 보낸 나를 위한 최대의 호사다. 살면서 집 근처에 온천이 있다는 것은 얼마나 큰 행운인지 모른다. 마음을 닦는 샘이라는 이름의 세심천洗心泉. 수암산 자락에 있어 산 밑이라 공기도 좋고 이름도 참 멋지다!

누가 이런 이름을 지었는지 궁금해 어느 날 탕 안에서 마주친 할머니 회장님께 여쭈어 보니, 돌아가신 바깥어른께서 몸의 때만 닦지 말고 마음의 때도 닦으라는 뜻으로 지어주셨다고 하셨다.

우리 옛 선현들도 예로부터 마음의 거울을 닦기 위해 힘쓰셨다. 지팡이나 거울, 심지어 세숫대야에도 마음을 다스리는 글귀를 새겨 스스로를 연마하셨다. 인간이 본래 가진 마음은 순수 그 자체지만 오랜 세월 살아가면서 자기도 모르게 때가 끼어 어두워진다고 하였다. 평생 어떻게 하면 오염된 마음의 때를 벗기고 닦아 원래의 밝고 맑은 마음으로 되찾을지 고민하며 수양하신 것이다. 어떻게 보면 몸보다 마음에 끼는 때를 더욱 경계하였는지도 모른다.

세심천의 이용객은 계절을 가리지 않고 많다. 주말이면 발 디딜 틈이 없다. 사람들이 붐비는 시간에는 제대로 즐길 수 없기에 나는 거의 문 닫을 시간을 이용한다. 어느 날인가, 그날도 거의 영업이 끝날 무렵 어떤 연세 지긋한 이용객이 들어와 빨래를 하다가 직원과 실랑이가 벌어졌다. 직원이 하지 말라고 안내했는데도 계속하자 화가 난 직원이 그 빨래감을 들어 휴지통에 버리면서 싸움이 난 것이다. 이용객과 직원의 불편한 마음이 부딪혔고 그 바람에 다른 사람들까지도 불편해졌다. 마음은 닦지 않고 몸만 닦은 결과다. 옷과 몸의 때는 잘 보이는데 마음의 때는 잘 보이지 않는 법이다.

대온천탕 밖에는 노천탕이 있다. 수암산 바로 아래 소나무 숲에 둘러싸인 야외 노천탕은 무릉도원이 따로 없다. 하늘 위를 지나가는 구름을 감상할 때도 있고 겨울밤에는 밤하늘에 뜬 달과 별을 바라보며 충만한 기쁨이 밀려올 때도 있다. 특히 흰 눈이 쏟아진 날, 엄마의 자궁처럼 따스한 온천물에 몸을 담그고 얼음처럼 청량한 바람이 콧속으로 들어오면 그야말로 해탈의 무아지경에 이를 정도다.

　노천탕에서 힐링을 마치고 대온천탕으로 들어서면 대략 문 닫을 시간이 된다. 그러면 팔십이 훌쩍 넘으신 왕 회장님께서 머리에 어느 날은 핑크색, 어느 날은 하늘색 캡을 쓰고 나타나신다. 내가 하루 일과를 온천탕에서 마치듯 그분도 온천탕에서 마무리하신다. 온천탕을 돌아다니시며 그날 쓰고 남은 자투리 비누들을 모두 모아 그 많은 쓰레기통들을 닦으신다. 하나하나 꼼꼼히 비누칠하며 닦고 온천수로 말끔히 헹궈 뒤집어 놓으신다. 재력도 엄청나고 연세도 많으신 분이 왜 그런 일까지 하시는지 궁금해 여쭈어보았다. 영업이 끝나면 청소하시는 직원들이 청소하지만 자신이 일손을 보태면 그분들이 조금이라도 더 빨리 집에 갈 수 있지 않겠느냐는 것이다. 결국 마음이다. 수십 년간 바깥어른의 바람대로 마음을 닦고 또 닦은 결과일 것이다.

　온천은 치유의 샘이다. 기록에 따르면 옛날에 '날개와 다리를 다친 학이 날아와 이곳에서 나오는 물을 상처에 바르며 치료한 뒤 날아갔는데, 학이 앉았던 자리를 살펴보니 따뜻하고 매끄러운 물이 솟아나고 있었다'고 전해진다. 500년 전 학이 상처 난 다리에 온천 물을 찍어 발라 치유했듯, 이곳을 찾는 모든 사람들의 몸과 마음도 깨끗이 치유되길 바란다. 나는 오늘도 몸과 마음을 닦으러 세심천에 간다.

# 붕어빵

붕어빵은 길거리 노점상에서 파는 붕어 모양의 풀빵이다. 남녀노소 누구나 좋아하는 겨울 대표 간식 중 하나다. 다양한 간식거리가 쏟아져 나와도 겨울이 되면 붕어빵의 인기는 따라올 수 없다. 길을 걷다 차가운 바람을 타고 날아드는 맛있는 냄새를 따라가다 보면 어김없이 붕어빵 노점이 나타난다. 갓 구운 노릇노릇한 붕어빵을 봉지에 담아주면 급한 마음에 한 입 베어 물었다가 입천장을 데는 경험은 누구나 한 번쯤 있을 것이다.

붕어빵은 먹는 방법도 다양하다. 머리부터 먹느냐 꼬리부터 먹느냐에 따라 성격을 알아볼 수 있다는 심리테스트도 있을 정도다. 머리를 먼저 먹는 사람은 낙천적이고 꼬리를 먼저 먹는 사람은 신중한 성격이라고 한다. 나는 주로 머리를 먼저 먹는 편인데, 그 이유는 머리 쪽에 꼬리 쪽보다 내가 좋아하는 팥소가 더 많이 들어 있기 때문이다. 내가 생각하기에 내 성격은 낙천적인 편은 아닌 것 같은데 붕어빵을 머리부터 먹으니 이제부터라도 낙천적인 사람이 되어야 할까 보다.

가을에서 겨울로 넘어가는 11월 초순, 우리 동네에 그것도 바로 옆집에 붕어빵 집이 생겼다. 우리 집이 역세권은 아니지만 초 붕세권(붕어빵+역세권)에 살게 된 것이다. 옆집은 '착한 막창' 이라는 연탄으로 막창을 구워주는 가게다. 그런데 그 가게 바로 옆에 작은 붕어빵 가게가 생긴 것이다. 알고 보니 막창 집 따님이 1년간 졸라 부모님이 하시는 가게 옆에 독립한 것이다. 어떻게 알았는지 동네 사람들이 삼삼오오 짝을 지어 붕어빵 포장마차 앞에 줄을 서 있었다. 나도 맛있는 냄새에 이끌려 종이돈 3천 원을 들고 참새가 방앗간 들락거리듯 붕어빵 집 단골이 되었다. 열심히 붕어빵을 굽는 따님을 보면 기특하기도 하지만 한편으로는 청년 구직 여건이 열악한 현실을 보는 것 같아 딱한 생각도 들었다.

어느 추운 겨울날, 붕어빵을 사러 갔더니 따님이 붕어빵을 굽던 자리가 비어 있었다. 대신 벽에 "붕어빵은 안에 있습니다. 안으로 들어오세요"라는 안내 문구가 붙어 있었다. 날씨가 너무 추워 부모님이 하시는

'착한막창' 안으로 비집고 들어간 것이다. 말하자면 매장 한 곳에서 두 가지 이상 업종을 운영하는 일종의 '숍인숍'(shop in shop)인 셈이다. 그런데 매장 안으로 이동한 뒤 매출이 늘었다고 한다. 오히려 주객이 바뀌었다는 느낌마저 들 정도다. 붕어빵을 사러 왔다가 막창을 포장해 가는 손님도 적지 않다고 한다.

'착한막창' 집 붕어빵 메뉴는 참신하다. 떡볶이 붕어빵, 피자 붕어빵, 초코 붕어빵도 인기가 있지만 나는 붕어빵의 고전인 팥 붕어빵과 호떡 붕어빵을 좋아한다. 호떡 붕어빵은 한 개에 1,500원으로 가장 비싸다. 그럴 만도 한 것이 전 세계적인 고물가와 지속적인 원자재 가격 상승, 기후 변화, 물가 상승 등 여러 요인으로 모든 것이 올랐기에 붕어빵 가격도 제자리걸음할 수 없는 노릇이다.

2월 말경 꽃샘추위가 절정인 어느 날, '언제 어디서 붕어빵을 만날지 모르니 누구나 가슴 속에 3천 원쯤은 지니고 다녀야 한다'는 붕어빵 앱 개발자의 말처럼 3천 원을 들고 붕어빵 생각에 이끌려 들렀다. 그런데 2월까지만 붕어빵 장사를 하고 그만둔다고 했다. 날씨가 더워지면서 손님들의 발길이 끊겨 다른 일을 생각하고 있다고 했다. 붕어빵을 사러 가면 마음이 따뜻해지고 기분이 좋아졌는데, 올해 마지막 붕어빵을 먹으니 여러 생각이 교차하며 복잡한 맛이었다.

긴 겨울이 지나고 봄이 왔다. 올 봄에는 경기가 좋아져 우리 옆집 '착한막창' 집도 잘되고 따님이 새로 구상하는 일도 잘 되었으면 좋겠다. 내년 겨울에도 예쁜 따님이 구워주는 노릇노릇 바삭한 붕어빵 가게가 다시 열리면 좋은 일이고 설령 '붕세권'이 아니라 다른 붕어빵 집을 찾아다니더라도 따님이 새로운 일을 시작하고 그 일에서 행복을 찾는다면 더욱 좋은 일이다. 진심으로 '착한막창' 집의 번창과 따님의 행복을 빈다.

## 하마터면 큰일 날 뻔

 겨울이 다가오면 마음이 분주해진다. 길고 추운 겨울을 나기 위해 김장을 해야 하기 때문이다. 집집마다 사정에 따라 김장을 하는 집도 있고 하지 않는 집도 있으며, 많이 하는 집, 적게 하는 집 각양각색이다. 우리 집은 연중 행사처럼 매년 김장을 한다. 올해는 배추 농사가 시원찮아 3분의 1가량은 고랭지 절임 배추를 주문했다. 달팽이가 갉아먹은 배춧잎에는 구멍이 숭숭 나 있고 속이 꽉 차지 않은 배추도 꽤 있다. 크고 작은 것을 포함해 대략 40~50포기 정도 되는 것 같다.

 양이 많지 않아 우리 부부 둘만 해도 충분하겠지만 김장은 겨울맞이 축제처럼 온 가족이 함께하는 일이다. 딸과 사위, 아들과 며느리가 오기 전 몸과 마음이 바쁘다. 광천에 가서 새우젓과 멸치젓을 사고 이웃집 아주머니가 농사지어 잘 건조한 태양초 고춧가루도 사놓고 마늘과 생강은 미리 까서 빻아놓는다. 무, 양파, 돼지 파, 대파, 갓을 준비하고 채수도 끓여 놓으며 찹쌀 풀도 미리 쑤느라 며칠 전부터 집안이 부산하다.

김장 날 먹거리도 중요하다. 매년 한두 명은 일이 있어 빠졌는데, 이번 김장에는 100% 참석이라 좀 더 특별한 음식을 장만하고 싶었다. 오천에 간 김에 제철인 갑오징어도 사고 키조개와 소라도 샀다. 살짝 데쳐 초고추장에 찍어 먹으면 정말 맛있기 때문이다. 지인이 하는 정육점도 들렀다.

"내일 김장하려고요. 소고기 맛있는 걸로 두 근 주세요."
"돼지고기 안 사고 소고기 사요?"
"네, 이번엔 불고기와 버섯전골을 해 주려고요."

그동안 아이들과 같이 먹으려고 아껴두었던 능이버섯을 넣고 보글보글 끓여주면 맛있게 먹을 거란 생각에 여기저기 장 보러 다니는 내내 신이 났다. 모든 준비가 끝났다. 아이들이 도착하면 김장 2부가 시작된다. 김장 준비 과정이 1부라면 김장 축제에 참여한 아이들이 김장 속 넣기 체험학습 후 가져온 빈 통에 각자 버무린 김치를 담아 가는 김장

담그기는 2부 프로그램인 셈이다.

 아이들이 도착하자마자 커피 한 잔씩 마시고 나서 김장 속에 넣을 무, 양파, 파, 갓 등을 채수와 고춧가루, 각종 액젓과 함께 준비하다 보니 금세 점심 시간이 되었다. 이제 버무리기만 하면 되니 아예 점심을 먹고 하자며 야심차게 준비한 메뉴를 공개했다. "얘들아! 우선 해물을 살짝 데치고 전골이랑 맛있게 밥 먹자!" 그러자 갑자기 사위가 하는 말!
 "수육은요?"
 이런 난감한 일이 있단 말인가!
 "수-유욱은... 없는데."
 "아니~ 장모님! 이건 아니죠! 김장엔 수육이죠~!"
 "엄마, 김장엔 수육! 이건 국룰이에요. 국룰! 우리 오빠 이제 내년부터 김장하러 안 온대요."
 딸도 자기 남편을 거들었다.
 결혼한 지 5년째 한 번도 빠지지 않고 김장하러 오는 착한 사위가 수육 때문에 울상이 되었다.
 "안 되겠네. 여보! 갑시다."

우리는 다시 정육점으로 갔다. 정육점 사장님이
"아니, 오늘 김장한다고 하지 않았어요?"
"네, 하는 중이에요. 우리 사위가 수육 안 해주면 내년부터 안 온다고 해서 무서워서 왔어요."
"맞아요, 김장엔 수육이지~ 김장하기 위해 수육 하는 것이 아니라, 수육 먹기 위해 김장하는 건데."
"그러게요. 괜히 이것저것 하느라 힘만 들고 좋은 소리도 못 들었네요."

김장을 끝내고 온 가족이 한 상에 둘러앉았다. 김장할 때마다 속을 많이 넣어 김치의 시원한 맛이 덜덜했었는데, 이번에는 부족한 듯 과하지 않게 해보자고 했고 성공한 것 같다. 드디어 겉절이와 함께 김이 모락모락 나는 푹 삶아진 수육을 상에 올리자 "와!" 하는 함성이 터진다.
"이거죠! 김장엔 수육이죠~ 장모님, 고맙습니다."
하마터면 큰일 날 뻔했다. 하하 호호, 겨울밤! 술잔이 오가고 장인 얼굴, 사위 얼굴, 아들, 며느리, 예쁜 우리 딸 얼굴도 발그레하다. 김장 체험학습 3부 시간이 흥겹다. 올 겨울 김장 축제는 이렇게 막을 내린다.

# 유酉 선생

 농촌에서는 닭 울음소리로 아침을 시작한다. 닭은 캄캄한 어둠 속에서 여명을 알리는 상서로운 동물로, 동서양을 막론하고 새로운 시작을 알리는 존재로 알려져 있다. 우리 집에는 그런 닭이 40마리나 된다. 동물이든 식물이든 가리지 않고 키우는 것을 좋아하는 남편의 취미 중 하나가 닭 기르기다. 키우는 닭의 수도 많지만 종류도 다양하다. 우리나라 토종인 연산 오골계부터 외래종, 그리고 병아리 단계를 지나 아직 알을 낳지 못하는 아기 닭까지 총 네 종류가 있다.

 이 아이들은 각기 다른 방을 쓴다. 닭장 네 칸 중 자기들만의 방을 각각 차지해 다른 품종과 독립적으로 생활하다가, 바깥놀이 시간에는 넓은 마당에 나가 자유롭게 함께 논다. 이렇게 방을 따로 쓰는 이유는 알이 지닌 고유한 색깔을 보존하기 위해서라고 한다. 연산 오골계는 살색, 화이트 아메라우카나는 청색, 블랙 쿠퍼 마란은 초콜릿색, 이제 곧 알을 낳을 준비를 하는 아기 닭은 올리브색을 낳는다. 게다가 산란계는 흰색 계란을 낳기 때문에 그것까지 키우면 살색, 청색, 초콜릿색, 올리브색, 흰색 다섯 가지 색의 오색란을 만들 수 있겠지만 산란계 계란은 맛이 없어 키우지 않는다며, 총 네 가지 색깔의 계란을 내는 재미에 푹 빠져 있다.

산란계는 계란 맛은 없어도 하루에 하나씩은 알을 낳는다고 한다. 하지만 우리 연산 오골계는 평균 이틀에 한 개꼴로 알을 낳으며, 일 년에 고작 100개 정도밖에 낳지 않는다. 그것도 2년 정도만 알을 낳다가 그 이후부터는 잘 낳지 않는다. 또 날씨가 아주 덥거나 추운 혹서기, 혹한기에는 알을 낳지 않아 알을 보기 힘들어진다. 그래서 그런지 본디 닭의 수명은 13년 정도지만 알을 낳지 않다 보니 주어진 수명대로 사는 닭은 거의 없는 것 같다. 닭들에게는 슬픈 일이지만 우리 집 닭들이 알을 낳지 않기 시작한다는 것은 이웃집 어르신들이 포식할 날이 다가오고 있다는 의미다. 마을 장에 가서 닭을 잡아 옆 집 어르신들께 한 마리씩 나누어 드리면 그날은 동네 이집 저집 저녁 메뉴가 삼계탕이 된다.

계란은 공짜가 아니다. 작년까지 한 포대에 13,000원이던 사료 값이 올해 18,000원으로 대폭 인상되었다. 우리 닭들은 풀을 쪼아 먹기도 하고 벌레를 잡아먹기도 하지만 그것만으로는 먹이가 부족하다. 닭들이 한 달 동안 먹기 위해서는 사료가 최소 열 포대는 있어야 한다. 결론적으로 우리는 계란을 먹기 위해 한 달에 사료 값으로 20만 원씩 쓰고 있는 셈이다. 한 달 평균 계란 값으로 최소 20만 원씩 지출하니, 그야말로 배보다 배꼽이 더 크다. 그래도 매일 아침 신선한 계란을 먹을 수 있고 아이들도 가져다 먹으니 그것으로 위안을 삼는다.

수탉들은 참 신통하다. 맛있는 먹이가 생기면 '꼬 꼬 꼬' 하며 암탉을 불러 먹인다. 게다가 암탉들이 다 먹을 때까지 보초를 서며 지킨다. 작년 봄, 부모님 집 공사 관계로 두 달 동안 우리 집에 와 계셨던 엄마가 우리 집 수탉을 무척 예뻐하셨다. 평생 아버지의 손발이 되어 하나부터 열까지 어린아이 돌보듯 평생을 챙겨온 엄마의 삶과는 정반대로, 닭들은 수컷이 암탉과 새끼들을 자상하게 돌보는 모습을 보고 참 신기해하셨다. 그 대견한 모습이 보고 싶어 엄마는 일부러 닭 모이를 챙겨와 '구구구' 하는 소리를 내며 닭장으로 가셨고 엄마가 오면 수탉은 '꼬 꼬 꼬' 하며 암탉을 불렀다. 그 소리를 닭들이 알아듣고 모여들곤 했다.

수탉은 날이 저물어 닭들이 닭장으로 들어올 때도, 뒤처지는 닭이 있으면 끝까지 기다리고 챙긴다. 양보하고 배려할 줄 아는 동물이다.

닭들의 삶은 참 부지런하다. 사방팔방 먹이를 찾아 온종일 목을 갸웃거리며 돌아다닌다. 땅을 파헤쳐 지렁이를 잡기도 하고 온갖 씨앗과 열매를 잘도 찾아낸다. 끊임없는 집중력과 부지런함은 따라올 동물이 없을 정도다. 또한 닭은 자원 순환의 끝판왕이기도 하다. 잡식성이라 웬만한 것은 다 먹을 수 있고 닭의 배설물은 땅을 비옥하게 해준다. 우리 닭들은 사료를 기본으로 하지만 집에서 나온 채소 다듬은 자투리나 음식물 찌꺼기, 심지어 계란 껍질까지도 매일 먹는다. 그야말로 자원 선순환, 아니 음식물 찌꺼기 선순환이다.

닭은 고전 『한시외전』에서도 문·무·용·인·신 다섯 가지 덕을 갖춘 존재로 예찬되고 있다. 닭의 벼슬이 마치 관 모양처럼 생겨 입신양명을 뜻하기도 한다. 그래서 그런지 닭에게 배울 점이 많다. 흔히 기억력이 좋지 못하고 어리석은 사람을 놀릴 때 '닭대가리'라고 하지만 사실 알고보면 닭은 매우 똑똑하다. 닭은 알에서 깨어난 지 3일 정도 지나면 자기 눈앞의 대상을 인식하고 기억할 수 있으며, 두려움·기대·

분노 같은 복잡한 감정도 느낄 줄 알고 게다가 그들만의 언어까지 있다. 우리 집에서 '꼬~끼오' 하면 영락없이 이웃집 닭이 '꼬~~끼오'로 답한다. 생활 습관을 자세히 들여다보면 닭들은 일찍 자고 일찍 일어나며, 모성애가 뛰어나 새끼를 극진히 살피고 음식을 가리지 않고 골고루 잘 먹는다. 부지런해서 끊임없이 움직이고 물 한 모금 마신 뒤 하늘을 한 번 보며 하루종일 물을 많이 마시는 건강한 생활습관을 가진 지혜로운 동물이다.

생각할수록 배울 점도 많고 고마운 점도 많다. 아침이 되면 언제나 어김없이 목청껏 아침을 알려주고 매일 동글동글 오색 계란을 선물로 주는 닭들이 고맙다. 몇 해 전 남편이 닭을 처음 키운다고 했을 때, "이젠 하다 하다 별걸 다 키우네."라며 불평하고 잔소리를 했는데 어쩌다 보니 내가 닭 예찬론자가 되어버렸다. 사실 매일 닭 밥 주랴 물 주랴 열심히 닭을 키우느라 힘든 건 남편이지만 그의 취미생활로 가장 큰 수혜자는 바로 나다. 오늘은 잔소리 대신 저녁 밥상에 계란말이를 예쁘게 말아 맛있게 올려야겠다.

# 독서의 즐거움

세상엔 재미있는 일이 참 많다. 지인들과 수요일 아침마다 하는 둘레길 산책도 재미있고 얼마 전 시작한 캘리그라피도 무척 재미있다. 골프와 온천도 빼놓을 수 없다. 그중 가장 재미있는 것은 독서다. 주로 저녁 시간에 책을 읽지만 시간이 나면 틈나는 대로 책을 펼치곤 한다. 나이가 들어 옛날에 읽었던 책들을 다시 보게 될 때 특별한 즐거움을 느끼게 된다. 어릴 적엔 어려워 도저히 읽히지 않아 포기했던 책인데, 지금은 술술 읽힌다. 이해되고 공감이 된다. 시간이 많아지니 마음과 머리에 생긴 공간 속으로 쏙쏙 들어와 박히는 것 같다.

운 좋게도 집 가까이에 훌륭한 도서관이 있어 자주 찾는다. 대출 기간이 3주라 독서 모임에서 선정한 책 한 권과, 평소 읽고 싶었던 책 서너 권을 한꺼번에 빌려 본다. 도서관에 가는 일은 즐겁다.

만 권의 책을 읽고 (讀萬卷書)

만 리 길을 걸으며 (行萬里路)

만 명의 벗을 사귀어라 (交萬人友)


고증학의 창시자인 중국 청나라 초기 대학자 고염무의 이 말은, 우리가 살아가는 데 얼마나 소중한 지침이 되는지를 새삼 느끼게 해준다. 독서는 글로 하는 여행이고 여행은 글자 없는 책이다. 어릴 적부터 꾸준히 독서를 통해 깊은 지식을 갖추고 여행을 통해 넓은 시야를 얻으며 많은 사람들과 교우할 수 있다면 그보다 더 훌륭한 공부는 없을 것이다. 나이가 들면서 주변엔 점점 책을 놓는 사람들이 많아졌다. 눈이 침침해져 작은 글씨를 보기 어렵다며 책 대신 휴대폰 속의 역동적인 재미를 선택하는 것이다. 하지만 눈은 나빠졌어도 이해력은 높아졌기에 노년의 독서는 더 깊고 풍부한 즐거움이 있다는 사실을 알았으면 좋겠다.

지난 해 시월, 한강 작가가 아시아 여성 최초이자 대한민국 최초로 노벨문학상을 수상했다. 국민으로서 참으로 기쁘고 자랑스러운 일이다. 한강 작가 덕분에 '독서 열풍'이라는 말이 등장할 정도로 책 읽는 사람들이 많아졌고 동네를 중심으로 크고 작은 독서 모임도 크게 늘었다고 한다.

우리는 '한강 신드롬'이 생기기 몇달 전, 독서 모임을 만들었다. 한 달에 한 번 모이는 이 모임엔 책을 좋아하고 사색을 즐기는 네 사람이 함께한다. 함께 읽을 책을 선정하고 읽은 소감을 나누다 보면 시간 가는 줄 모른다. 자연스럽게 삶의 주제로까지 이야기가 확장되다 보니 끝이 없다. 대부분 조용한 식당이나 카페에서 모임을 하는데, 가게 문 닫을 때가 되면 그 달의 독서 모임도 아쉽게 마무리된다. 톨스토이의 『이반 일리치의 죽음』, 루이제 린저의 『삶의 한가운데』, 앙드레 말로의 『인간의 조건』 등을 함께 읽으며 '인간의 삶이란 무엇인가? 죽음을 어떻게 받아들일 것인가? 인간의 조건이란 무엇인가?' 같은 질문에 대해 생각해 보고 각자의 답을 찾아가는 시간은 더없이 소중하고 행복하다.

당나라 시인 두보는 "만 권의 책을 읽으면(讀書破萬卷), 글을 쓰는 것도 신의 경지(下筆如有神)에 이른다"고 했다. 즉 책을 많이 읽으면 붓을 들어도 신들린 것처럼 글이 잘 써진다는 뜻이다. 물론 많이 읽을수록 좋지만 사실 평생 만 권을 읽는다는 건 결코 쉬운 일이 아니다. 하루에 한 권씩 꼬박 30년을 읽어야 하고 나처럼 일주일에 한 권 정도 읽다 보면 200년은 족히 걸리는 셈이니 말이다. 하지만 만 권의 책을 다 읽지 못하더라도, 독서량보다 더 중요한 건 얼마나 깊이 있게 읽느냐는 것이다. 좋은 책을 읽는 건 좋은 친구를 만나는 것과 같다고 한다. 하물며 좋은 친구들과 함께 독서 모임을 하는 즐거움은 두 배다. 어느 날, 독서 모임을 마칠 무렵 한 사람이 말했다.

"저는 우리 만남이 꼭꼭 숨겨놓은 선물 같아요."

평소엔 바쁜 일상에 정신없이 살아가지만 한 달에 한 번! 설레는 마음으로 만나 선물 보따리를 풀어놓을 수 있다는 말일 것이다. 나도 그렇다.

# 안자춘추 晏子春秋

　대학 입학 후 만나 40여 년이 훌쩍 지난 오랜 친구가 있다. 학창 시절부터 책 읽기를 좋아해 틈만 나면 독서를 한 탓에 지식의 깊이도 깊었고 기억력이 좋아 한 번 보거나 들은 것은 그대로 머릿속에 저장되는 신기한 친구다. 게다가 말로는 이길 장사가 없으니 가히 천하무적이다. 실제로 같은 과 남학생과 논쟁이 벌었는데, 친구의 날카롭고 논리정연한 반박에 그가 울먹이며 물러난 일도 있었다. 수업 중 교수님과의 토론에서도 밀리지 않고 자신의 생각을 명쾌하게 펼치는 모습을 보면 경외심마저 들곤 했다.

　개성도 남달랐다. 어느 날은 말괄량이 삐삐처럼 지그재그 가르마에 삐뚤빼뚤 양갈래 머리를 하고 강의실에 나타나고 또 어떤 날은 유관순 누나처럼 흰 저고리에 검정 치마를 입고 등장하기도 했다. 눈썹이 진하고 코가 오똑하니 이목구비도 어디 하나 나무랄 데 없이 위풍당당했다.

중용에 공부하는 자세로 박학(博學), 심문(審問), 신사(愼思), 명변(明辯), 독행(篤行) 다섯 가지를 강조하고 있다. 널리 배우고 자세하게 물으며 신중하게 생각하고 분명하게 판단하며 충실하게 실천하라는 가르침으로 이 가운데 하나만 빠져도 학문이 아니라고 하였는데 내가 아는 그 친구는 다섯 가지를 균형 있게 실천하며 지금도 여전히 학문을 게을리 하지 않는다. 자신이 옳다고 판단한 일은 곧바로 행동으로 실천하는 모습이 존경스럽기까지 하다.

미래 세대를 위해 근검 절약하고 풍요롭지 않은 살림에도 사회적 약자를 위한 기부에 동참하고 지구온난화를 막기 위해 오래된 메일 지우기, 휴대폰에 저장 최소화하기, 가까운 거리 걸어 다니기 등 작은 일은 물론 사회정의를 위한 일에도 앞장서 참여하는 씩씩한 친구다.

어느 날 그 친구가 책을 한 권 보내왔다. 퇴직 선물로 무엇을 해줄까 고민하다 보냈다고 한다. 받아보니 중국 고전 『晏子春秋』였다. 공자의 친구이자 춘추시대 제나라의 명재상이었던 晏子의 아름다운 행실과 사적을 모은 것으로 건국대 중문과 임동석 교수가 번역하여 편찬하였고

8편 215장으로 이야기 형식으로 이루어져 있어 보기와 다르게 쉽게 읽을 수 있었다.

예를 들어 고사성어 '남귤북지(南橘北枳)' 또는 '귤화위지(橘化爲枳)'로 잘 알려진 이야기는 6편 150장에 나온다. 초나라에 사신으로 간 안자를 초나라 임금이 곯려주려고 계략을 꾸민다. 이에 안자가 이렇게 응수한다.

"귤나무가 회수(淮水) 남쪽에 있을 때는 귤이 되지만 북쪽에 심으면 탱자가 됩니다. 잎은 같지만 열매 맛이 다르지요. 왜 그럴까요? 바로 물과 흙이 다르기 때문입니다. 제나라 백성은 본국에서는 도둑질을 하지 않습니다. 그런데 초나라에 들어와 도둑질을 한다면 이 나라의 풍토가 사람을 그렇게 만드는 건 아닐는지요?"

그러자 초나라 임금은 "성인을 희롱해서는 안 될 일을 과인이 거꾸로 행해 스스로 허물을 뒤집어쓰고 말았습니다."라고 사과한다.

이처럼 이 책은 어떤 문제에 직면했을 때 기지와 해학을 바탕으로 상대를 상처 주지 않으면서도 모두가 승리할 수 있는 해법을 제시하고 있었다.

요즘 시국이 어수선하다. 일상은 시끄럽고 마음은 불안한 날들이 이어지고 있다. 사마천은 『사기』에서 이렇게 말했다.

"가장 좋은 정치는 백성의 마음을 따르는 것이고 그다음은 이익으로 유도하는 것이며, 세 번째는 도덕으로 설교하는 것이고 그보다 못한 것은 형벌로 위협하는 것이며, 가장 나쁜 정치는 백성과 다투는 것이다."

오늘날처럼 혐오와 갈등이 난무하는 시대에 안자(晏子)와 같은 인물이 우리나라 지도자 중 한 사람이라도 있다면 얼마나 좋을까. 아니, 지금이라도 지도자들이 『안자춘추(晏子春秋)』를 읽고 이 난세를 풀 해법을 책 속에서 찾는다면 얼마나 다행스러울까. 아첨하는 신하들의 말만 듣기를 좋아하기보다는, 임금의 잘못을 직언하고 바로잡아주었던 안자 같은 인재를 알아보고 곁에 두었던 경공 같은 지도자가 있다면 얼마나 든든할까. 극단으로 갈라진 국민 간의 갈등이 하루빨리 봉합되고 무너진 일상이 다시 회복되기를 진심으로 기원한다.

# 비싼 수업료

인생은 시행착오의 연속이다. 누구나 살다 보면 크고 작은 실수를 겪는다. 그러나 그 과정을 통해 삶은 더욱 단단해지고 우리는 한층 더 성장하게 된다. 그렇기에 시행착오 자체를 못마땅해할 필요는 없다. 다만 때로는 그 실수가 너무 커서 돌이킬 수 없는 결과를 낳기도 하니, 어떤 일을 시작할 때에는 반드시 신중하게 판단하고 실행에 옮겨야 한다.

나는 큰딸로 자라서인지 어릴 적부터 비교적 신중하고 계획적인 편이었다. 그 성향은 어른이 되어서도 크게 달라지지 않아, 지금까지 큰 실수나 낭패를 본 적이 드물다. 하고 싶은 일이 있어도 내 능력 밖이라 여겨지면 욕심내지 않았고 할 수 있는 일만 골라 하다 보니 실패도 적었다. 덕분에 내 삶은 모험보다는 안정 쪽에 가까웠다.

　그러던 어느 날 뜬금없이 '한옥'에 마음을 빼앗겼다. 더 늦기 전에 공기 좋은 남향에 아담한 한옥을 한 채 지어 살아보고 싶다는 생각이 들자, 마음은 걷잡을 수 없이 커졌다. 나의 설득에 무엇에 홀린 듯 동의를 한 남편과 함께 한옥을 짓기 위한 계획은 시작되었다. 유튜브로 한옥 지을 땅을 알아보다 아산 외암리 민속 마을에 마침 마음에 드는 땅을 발견했다. 직접 보러 갔다가 그 길로 땅을 구입했다. 한옥에 대한 책을 사서 읽고 유튜브도 보고 공주, 부여, 강원도로 서울로 한옥 짓는 대목들을 직접 찾아다니며 만나보았다. 한옥을 설계하는 건축설계사 무소에 의뢰하여 건축설계도 하고 집 지을 땅에 토목공사도 꼼꼼히 마쳤다.

　이제 시공사만 선정하면 되는데 이 일이 가장 어려웠다. 이리저리 어렵게 물색하다 마음에 쏙 드는 시공사를 만났다. 아내는 건축설계사이고 남편은 목수인 부부가 운영하는 '살림한옥'으로, 직접 한옥 집을 짓고 살며 집 옆에는 한옥 목재를 건조하고 가공하는 목재소를 운영하는 곳이다. 몇 차례의 상담 끝에 한옥 설계를 처음부터 다시 하기로 결정했다. 일생일대 최대의 시행착오였다. 이미 설계는 마쳤고 문화재청의 승인까지 난 마당에 설계도를 버리고 원점으로 돌아가다니, 그동안 들인 설계비도 설계비지만 다시 설계를 마치는 데만도 또 수개월의 시간이 필요했다. 그래도 이게 맞는 것이라 생각했다. 설계사인 아내와 시공자인 남편이 함께 설계하니 처음부터 끝까지 마음에 꼭 드는 설계도가 나왔다. 새로운 설계도가 완성된 날, '살림한옥'을 찾아가자 사무실 책상 위에는 우리의 집을 본떠 만든 커다란 한옥 모형이 놓여 있었다. 입체적으로 완성된 한옥을 직접 보니, 그 집에서 살고 싶다는 마음이 더 간절해졌다.

다시 한 번 문화재청의 재심의를 받아 승인이 나자, 우리는 집을 지을 소나무를 보러 다녔다. 목수님과 함께 강원도에 가서 조선 소나무를 구입한 뒤 곧바로 건조를 시작했다. 마침 목재소에 인공 건조실이 있어 일정한 함수율이 나올 때까지 1차 건조를 했다. 그 다음 자연 바람으로 오랫동안 말려야 기둥이 틀어지거나 터지지 않고 예쁘게 유지될 수 있다. 나무가 건조되는 동안 무너진 돌담도 단정하게 다시 쌓았다. 나무가 잘 말라 집을 지을 날만 손꼽아 기다리고 있었다. 한옥에 마음을 빼앗긴 그날부터 3년 남짓, 여러 곳을 다니면서 많은 사람들을 만나며 꿈같은 시간이 흘렀다.

그러던 어느 날, 우리 부부는 과감한 결정을 내렸다. "한옥을 접자." 지금껏 들인 시간과 돈과 노력을 생각하면 결코 쉬운 일이 아니었지만 앞으로 들어갈 시간과 비용, 체력과 마음을 생각한다면 그만두는 게 맞다고 판단했다. 꿈에서 깨어 드디어 현실로 돌아온 것이다. 비록 꿈 속에 오래 머물렀지만 이제라도 깨어나 다행이었다.

브레이크가 고장 난 차처럼 앞만 보고 달려오다 멈추고 나니 비로소 보이기 시작했다. 내 욕심이 얼마나 컸는지 지금의 행복이 얼마나 소중한지 앞으로의 삶이 얼마나 자유로울 수 있는지. 꼭 한옥이어야만 행복의 문이 열리는 건 아니라는 걸 그제야 깨달았다.

애타게 찾아다녔던 파랑새는 멀리 있지 않았다. 행복은 지금 이 순간, 내가 있는 이곳에서 소중한 사람들과 함께 나누는 소소한 일상이었다. 그것은 그 무엇과도 바꿀 수 없는 가치라는 진리를 비싼 수업료를 내고야 얻었다. 지난 3년도 우리 부부에게 너무나도 재미있고 가슴 뛰는 배움의 시간이었기에 한옥에 대한 아쉬움도 미련도 없다. 수업료가 비싼 만큼 제대로 배운 셈이다. 해보니 알겠다. 시행착오도 공부다. 인생은 결국 공부다.

# 어긋난 발걸음

　사군자란 매화, 난초, 국화, 대나무를 선비에 비유하여 부르는 말이다. 매(梅), 난(蘭), 국(菊), 죽(竹). 그중에서도 매화는 가장 먼저다. 이른 봄, 아직 잔설이 남아 있는 추위에 아랑곳하지 않고 매화는 잎도 피기 전에 꽃을 피운다.

　조선의 선비들이 유난히 매화를 사랑한 까닭은 그 우아한 자태와 맑은 향기 때문이기도 하지만 지조와 절개를 중시한 삶의 태도와 매화의 생태가 닮았다고 여겼기 때문이다. 신흠의 시에도 "오동나무는 천 년이 지나도 곡조를 간직하고(桐千年老恒藏曲), 매화는 평생 춥게 살아도 향기를 팔지 않는다(梅一生寒不賣香)"고 했듯, 매화는 선비의 정신을 상징한다.

작년 2월, 제주에서 우연히 만났던 매화를 잊을 수가 없다. 정확히 말하면 은은한 매화 향에 취해 정신을 잃을 뻔한 기억이다. 때마침 피어난 수선화와 매화의 향연은 오감을 깨우고 마음에 묵직한 울림을 남겼다. 그 향을 폐포 끝까지 깊숙이 전달하고자 숨을 들이쉬고 천천히 내뱉기를 반복했다.

매화가 나를 이곳 남쪽 끝으로 불러온 것 같았다. 매화꽃이 어서 오라고, 오래 기다렸다고, 자세히 봐달라고, 향도 맡아보라고 말을 걸어오는 것 같았다. 쉴 새 없이 눈에 담고 가슴에도 머리에도 담았으나 성에 차지 않았다. 발길을 돌리기 싫었지만 다음 일정이 있어 강렬했던 그 만남을 뒤로한 채 다시 만날 날을 기약할 수밖에 없었다.

추운 날, 달빛 아래 매화를 감상하기 위해 도자기로 만든 의자 밑에 불을 지펴 따뜻하게 한 뒤 매화를 바라보며, 세상과 작별하는 마지막 말로 "저 매화 화분에 물을 주어라" 하셨다는 퇴계 선생님의 마음을 조금은 이해할 수 있을 것 같았다.

매화를 다시 만나고자 2월 말, 다시 제주로 향했다. 비행기 안에서도 공원 가득 퍼졌던 그 매화 향이 떠오르는 듯했다. 발걸음보다 마음이 먼저 달려갔다. 제주에 도착하자 가장 먼저 찾은 곳은 한림공원. 매표

소를 지나 왼쪽으로 곧장 가면 매화를 만날 수 있었지만 콩닥거리는 심장을 진정시키며 마지막 코스로 남겨 두었다.

아열대 식물원부터 시작해 분재원, 야자수 길을 지나 마침내 매화가 피어 있을 곳에 도착했다. 그런데 매화가 없었다. 눈을 씻고 다시 보아도, 매화나무만 있고 꽃은 없었다. 설렘이 허망함으로 바뀌는 순간이었다. 매화꽃을 보러 왔건만 때를 놓쳐버린 것이다.

봄은 점점 더 빨리 찾아오고 있다. 봄꽃의 개화 시기가 매년 앞당겨지고 있다. 이는 지구가 따뜻해졌기 때문이다. 고온 현상과 일조량 증가 등 이상기후가 영향을 미친다. 급히 검색해 보니, "제주서 '봄의 전령' 매화 개화… 평년보다 32일 빨라"라는 기사가 눈에 띄었다.

예년에는 2월 16일쯤 개화했는데, 올해는 1월 15일에 피었다고 한다. 만개 시점도 평년보다 46일이나 빠른 1월 26일이었다. 그런데 나는 한 달 늦은 2월 23일에서야 늦은 걸음을 했으니 늦어도 한참 늦은 셈이었다.

개화 시기가 앞당겨지며 곤란한 건 꿀벌들도 마찬가지일 것이다. 꿀벌들은 이제 겨울잠에서 깨어날 준비를 하고 있다. 꽃이 늦게 피든, 꿀

벌이 일찍 깨어나든 서로 때가 맞아야 한다.

 이제는 봄꽃을 편히 감상하기도 어려울 듯하다. 마음이 급해진다. 서두르지 않으면 꽃은 지고 만다. 꽃망울을 터뜨리고 있는 봄꽃들이 더는 가벼운 눈길로만 다가오지 않는 이유다.

 "지는 매화꽃을 보지 않고 섣불리 인생을 사랑했다고 말하지 말라."

 정호승 시인의 시를 핑계 삼아 조만간 섬진강에 가보려 한다. 꽃 마중도, 꽃 배웅도 인생이다. 또다시 때를 놓쳐서는 안 되기에, 지금부터라도 정신을 바짝 차려야 할 일이다.

# 퍼펙트 데이즈 Perfect Days

오랜만에 〈퍼펙트 데이즈〉라는 영화를 보았다. 영화가 끝난 뒤 소감을 묻자 남편은 "무슨 이렇게 심심한 영화가 다 있냐"며 물음표를 던졌다. 나는 조용하면서도 강한 울림을 주는 영화라고 말했고 가슴에 느낌표가 남았다. 마치 채식주의자 식단에 오른 유기농 샐러드 같은 영화였다.

주인공 히라야마는 도쿄 시부야의 공공 화장실 청소부로, 매일 반복되는 일상을 살아간다. 동틀 무렵, 동네 노인의 빗질 소리를 알람 삼아 일어나 이부자리를 개고 싱크대에서 양치와 면도를 한다. 방 한구석의 분재에 분무기로 물을 주고 작업복으로 갈아입은 뒤 문을 나선다. 고개를 들어 하늘을 바라보며 심호흡을 한 번 하고 자판기에서 캔커피를 뽑아 한 모금 마신 다음 차에 오른다. 카세트테이프로 올드팝을 들으며 공중화장실을 청소하고 점심은 공원에서 먹는다. 나무 사이로 비치는 햇살을 수동카메라로 흑백사진에 담고 일을 마친 뒤엔 자전거를 타고 단골 식당에 가서 술 한잔을 하고 헌책방에서 산 소설을 읽으며 하루를 마무리한다. 이것이 히라야마의 하루, 그의 루틴이다.

루틴은 일상적으로 반복되는 행위다. 습관과 비슷하지만 습관이 무의식적으로 이루어진다면 루틴은 의도적으로 실천된다는 점에서 다르다. 루틴은 삶에 안정감을 주고 건강한 일상을 유지하는 데 도움을 준다고 하는데, 히라야마의 완벽한 루틴 덕분인지 영화는 내내 평온하고 안정적이었다.

빔 벤더스 감독은 히라야마의 하루하루가 바로 '퍼펙트 데이즈'라고 전하고 있었다. 소란스럽고 바쁘게 돌아가는 세상 속에서, 서걱서걱 빗질 소리, 자전거, 카세트테이프, 수동카메라, 단골 식당, 헌책방의 하모니는 완벽하다. 힐링 그 자체다. 게다가 '코모레비'라니. 무성한 나뭇잎들 사이로 비치는 햇빛의 반짝임은 세상 어느 것보다 강렬한 자극이었다. 감독은 아마도 더없이 폭력적이고 선정적이며 속도에 집착하고 있는 현대인들에게 말하고 싶었던 것 같다. 할아버지, 할머니가 어린 손주를 바라볼 때처럼 부처님과 예수님이 그러하셨듯 한없이 부드러운 미소로 말을 건네는 것 같았다. 인생은 무상하고 생각보다 짧으니 이제 그만 알아차리는 게 어떻겠느냐고 눈빛으로 표정으로 말해주는 것 같았다. 나는 영화도 영화지만 히라야마를 연기한 야쿠쇼 코지의 눈빛과 미소에서 한동안 헤어나오지 못할 것 같다.

인생은 '순식간(瞬息間)'이다. 정말 눈 한 번 깜박이고(瞬), 숨 한 번 쉬는(息) 사이에 지나가 버릴 만큼 짧다. 부싯돌 불꽃처럼 짧은 삶을 살면서, 쓸데없는 일들에 매달리느라 정작 소중한 것들을 놓치고 살아가고 있는 건 아닌지 돌아보게 된다.

  蝸牛角上爭下事 와우각상쟁하사
  石火光中寄此身 석화광중기차신
  隨富隨貧且歡樂 수부수빈차환락
  不開口笑是癡人 불개구소시치인

  달팽이 뿔 위에서 무엇을 다투는가?
  부싯돌 불꽃처럼 짧은 순간 살거늘
  풍족한대로 부족한대로 즐겁게 살자
  하하 웃지 않으면 그대는 바보 〈백거이, 술잔을 들며〉

영화 속에서 히라야마가 불쑥 찾아온 조카에게 "지금은 지금이고 다음은 다음이다"라고 말하는 장면이 가장 인상적이었다. 우리는 보통 내일의 행복을 위해 오늘의 행복을 유보하면서 살아왔다. "조금 더 참아야 해!" 그렇게 말하며 살아왔지만 그 아름다웠던 순간들이 모두 사라져 버린 지금, 그것이 얼마나 애석하고 어리석었는지 이제야 알겠다. 오늘, 지금, 여기에서 행복해야 한다.

갓 지은 밥을 꼭꼭 씹어 먹는 그 순간 원두를 갈고 향긋한 커피를 내려 바흐의 평균율을 들으며 마시는 그 시간 바로 그런 순간들이야말로 행복이다. 놓쳐서는 안 된다.

나뭇잎 사이로 쏟아지는 햇빛들이 포개져 한 장의 아름다운 사진이 되듯 우리의 소중한 순간순간이 쌓여 하루가 되고 그 하루가 쌓여 일상이 되며 결국 그것이 우리의 삶이 되는 것이다. 그래야 아름다운 生이 되는 것이다. 풍족하면 풍족한 대로 부족하면 부족한 대로 즐겁게 살고 하하 웃지 않는다면 백거이 말처럼 바보가 맞다. 오늘도 웃으며 기쁨으로 채워야 한다. 퍼펙트 데이를 만들어 보는 거다.

# 아름다운 뒷모습

가야 할 때가 언제인가를/ 분명히 알고 가는 이의/ 뒷모습은 얼마나 아름다운가/ 봄 한철/ 격정을 인내한/ 나의 사랑은 지고 있다/ 분분한 낙화/ 결별이 이룩하는 축복에 싸여/ 지금은 가야 할 때/ 무성한 녹음과 그리고/ 머지않아 열매 맺는/ 가을을 향하여/ 나의 청춘은 꽃답게 죽는다/ 헤어지자/ 섬세한 손길을 흔들며/ 하롱 하롱 꽃잎이 지는 어느 날/ 나의 사랑, 나의 결별/ 샘터에 물 고이듯 성숙하는/ 내 영혼의 슬픈 눈.

〈이형기, 낙화〉

얼마 전 원로배우 故 김수미씨가 향년 75세로 우리 곁을 떠났다. 그러면서 6년 전 방송에서 미리 찍어본 영정사진이 화제가 되었다. 당시

프로그램에서 김수미 씨는 함께 출연한 멤버들에게 영정사진을 찍어 달라며 "어느 장례식장에서도 볼 수 없는 영정사진을 원한다. 장례식 장에선 곡소리 없이 춤을 추면 좋겠다."고 말했다. 슬픔보다는 추억을 나눌 수 있길 바란다는 뜻이었다. 그녀는 새하얀 드레스와 핑크색 의상 등 다채로운 옷차림으로 사진을 남겼다. 세상 어디에도 없는, 개성 넘치는 배우다운 영정사진이라는 생각이 들었다. 하지만 정작 그녀의 빈소에는 영화 '그대를 사랑합니다'의 포스터가 영정으로 올려졌다. 고인이 하얀 목도리를 두르고 털장갑을 낀 채 환하게 웃고 있는 사진이었다.

예전엔 사진 찍는 것을 좋아했었는데 어느 순간부터 점점 덜 찍게 된다. 어쩌다 찍더라도 앞모습보다 뒷모습을 찍는 일이 많아졌다. 앞모습을 찍을 때는 억지로라도 웃어야 하는데 눈은 그대로 두고 입만 웃으면 자연스럽지 못하고 눈과 입을 같이 웃으려니 어색하고 불편하기 때문이다. 반면 뒷모습은 굳이 웃지 않아도 되니 좋다.

사람의 앞모습에는 표정이 담기지만 뒷모습에는 표정이 없다. 그럼에도 뒷모습만 보아도 대충 그 사람을 알 수 있다. 아니 느낄 수가 있다. 어떻게 살아왔는지, 지금 기쁜지 슬픈지 외로운지 보인다. 어깨에도 등에도 삶이 담겨있기 때문이다.

　얼마 전 친하게 지내는 언니가 희희당에 놀러 왔다. 나이는 열 살 정도 많지만 깊이 있고 젊은 사고로 배울 점이 많아 언니와의 만남과 대화는 언제나 기다려진다. 언니는 평소 사진 찍는 것을 좋아하지 않지만 젊은 날 여행길에 찍어두었던 뒷모습 사진 한 장이 있다고 보여주었다. 한적한 길 위, 털모자를 쓰고 어깨에는 작은 프라다 가방 하나, 손에는 생수 한 병을 든 뒷모습이었다. 언니는 어느 날 세상을 홀연히 떠나야 하는 날이 오면 자신이 평소 좋아했던 베토벤 피아도 협주곡 제5번 op 73 '황제' 제2악장을 틀어두고 몇몇 지인들이 그 사진을 보며 잠시 자신을 기억해 주었으면 좋겠다고 했다. '모두 잘 있어! 나는 이제부터 물 한 병 들고 즐거운 여행길 떠날 거야.' 라는 의미라고 했다. 역시 언니다운 멋진 생각이 아닐 수 없다.

　여행길에 오르는데, 평소에 잘 입지도 않던 한복 차림은 괜히 거추장스러워 보인다. 자글자글한 주름을 가리기 위해 짙은 분칠에 포토샵으로 여러 번 뽀얗게 손본 사진은 어색하고 부자연스럽다. 내 마음에 들지 않는 사진을 걸어놓고 마지막 배웅을 받는 건 아무래도 마음이 내키지 않는다.

시간을 들여 자연스러운 뒷모습 사진을 하나쯤 준비해두든지, 아니면 김수미 배우처럼 하얀 목도리에 털장갑을 끼고 환하게 웃고 있는 사진이라면 무겁지도 가볍지도 않아 딱 좋을 것 같다.

언젠가 홀로 소풍을 떠나는 그날, 이형기 시인의 시 '낙화'처럼 결별이 이룩하는 축복에 싸여 떠난다면 그 뒷모습은 얼마나 아름다울까!

# 생노병사 生老病死

그리스 로마 신화에 나오는 새벽의 여신 에오스는 트로이아 왕 라오메돈의 아들 티토노스를 사랑했다. 에오스는 티토노스를 납치해 제우스를 설득하여 그에게 영원한 생명을 내려주게 했다. 그러나 그녀는 제우스에게 청하면서, 불사의 생명과 함께 젊음도 달라고 하는 것을 깜빡 잊고 말았다.

에오스는 날로 늙어가는 티토노스를 안타까운 눈으로 바라보았다. 어느새 그의 머리가 백발이 되었을 때 그녀는 점점 그를 멀리하게 되었다. 마침내 티토노스가 수족을 제대로 움직이기도 힘들 만큼 노쇠해지자, 에오스는 그를 궁전의 방 하나에 가두었다. 티토노스의 흐느끼는 소리가 밖으로 새어 나오자 에오스는 결국 그를 매미로 변하게 만들었다.

UN 보고서는 현대 사회를 호모 헌드레드 시대로 정의하고 있다. 호모 헌드레드는 인간의 수명이 연장되며 100세 시대가 도래했음을 말하고 있으며, 단순히 오래 사는 것을 넘어 건강하게 잘 사는 것을 강조한다. 21세기 인간의 한계 수명을 120세, 혹자는 150세까지도 예상한다. 하지만 아무리 100세 시대라 해도, 병든 몸으로 병원에 누운 채 연명하는 것은 마치 티토노스처럼 영원한 고통 속에 갇힌, 가혹한 형벌과 다를 바 없다.

장수는 인간의 오래된 욕망이다. 하지만 수명을 늘리는 것보다 더 중요한 것은 건강하게 오래 사는 것이다. 이제는 단순히 오래 사는 '수명 장수' 보다 아프지 않고 건강하게 오래 사는 '건강 장수'에 초점을 맞춰야 한다. 이를 위해서는 건강수명을 연장하는 것이 필요한데, 건강수명이란 기대수명에서 질병 기간을 뺀 기간으로, 단순히 얼마나 오래 사는가가 아니라 얼마나 건강하게 오래 사는가를 보여 주는 지표다.

언제부터인가 모임에 가면 건강 문제가 공통의 화두가 되었다. 어떤 음식이 건강에 좋은지 경쟁하듯 이야기한다. "나는 이시형 박사의 영상을 본 후 당근 전도사가 되어 매일 아침 당근 주스로 하루를 시작한다"고 하자, 누군가는 "생강이 면역력 증진에 좋으니 생강차를 먹어보라"고 권한다. 또 다른 이는 "토마토가 최고다. 토마토를 익혀 올리브 유를 뿌려 샐러드로 자주 먹다 보니 건강해졌다"고 고백한다. 단체 대화방에도 "건강하세요, 행복하세요!"라며 건강과 행복을 기원하는 글귀가 빠지지 않는다.

어느 날 거울을 보다가 깜짝 놀란 적이 있다. 거울 속에 엄마의 모습이 비쳤기 때문이다. 동생에게 "턱살이 늘어진 엄마 얼굴과 똑같은 모습이 거울에 보여서 깜짝 놀랐어"라고 말하자, 동생은 "나도 거울을 보다가 언니 모습이 비쳐서 놀랐어. 아니, 왜 언니가 거기 있어?"라며 되레 따져 물었다. 하긴, 나이 차가 1년밖에 안 나도 자기가 더 젊어야 하는데 언니 모습이 보이니 싫었던 모양이다. 나도 거울 속 엄마 모습을 보고 속상했으니 동생 마음도 이해가 갔다.

옛말에 "재물을 잃는 것은 인생의 일부를 잃는 것이고 명예를 잃는 것은 인생의 절반을 잃는 것이지만 건강을 잃는 것은 인생의 전부를 잃는 것이다."라고 했다. 건강은 모든 행복의 기초이자 마지막이라는 뜻이다. 잃어버린 시간을 되돌릴 수 없듯 건강도 한 번 잃으면 회복하기 어렵기 때문에 무엇보다 중요시해야 한다.

건강하게 오래 사는 방법은 주변에 넘쳐난다. 충분한 수면, 건강한 식습관, 꾸준한 운동, 손 자주 씻기, 걷기, 좋은 인간관계 등 모두 좋은 방법임을 알지만 문제는 실천에 있다.

100세 철학자로 알려진 연세대학교 김형석 명예교수는 "나는 100을 할 수 있어도 90에서 멈춘다. 늘 여유를 두며 살려고 노력한다."고 말한다. 이어서 "오래 사는 사람은 절대 무리하지 않는다. 신체적으로 건강한 사람이 오래 사는 게 아니라 무리하지 않는 사람이 오래 사는 것 같다."는 말을 직접 실천한다. 100세가 넘은 나이에도 휠체어나 지팡이 없이 걸어 나오고 혼자 앉아 웃으며 강연하는 그의 모습을 보면 '정정하다'는 표현으로는 부족할 정도로 놀라울 따름이다.

건강은 건강할 때 지켜야 한다. 건강하다고 자만하거나 몸을 과하게 쓰면 그에 따른 대가는 반드시 치러야 하는 것이 세상의 이치다. 아직 늦지 않았다. 지금부터라도 내 몸을 세심히 살피고 올바른 건강 수칙을 실천한다면 김 교수처럼 아름다운 노화를 맞이할 수 있다. 소 잃고 외양간 고치지 말고 호미로 막을 것을 가래로 막는 어리석음을 범하지 않도록 지금 당장 건강을 삶의 최우선 순위로 세워야 한다.

불쌍한 티토노스처럼 매미로 변하는 비극을 막기 위해서라도 노화의 시계를 늦추어 生老病死(생로병사)가 아닌 生老死(생노사)를 실현해야 한다.

# 세 살 버릇 여든까지

습관은 우리말로 버릇이라고 한다. 둘 다 어떤 행위를 오랫동안 반복하여 몸에 익어버린 행동이지만 약간의 차이점이 있다. 습관은 의도적으로 형성되며 긍정적, 부정적 표현에 두루 사용된다. 하지만 버릇은 종종 무의식적으로 형성되는 경우가 많으며 부정적인 행동을 말할 때 주로 쓰인다.

우리는 어릴 때부터 '세 살 버릇 여든까지 간다'(三歲之習 至于八十)는 말을 듣고 자랐다. 어릴 때 한번 생긴 버릇이나 마음은 쉽게 고치기 어렵다는 말이다. 엄마가 되어 아이를 키우다 보니 세 살까지의 교육이 얼마나 중요한지 알게 되었다. 생후 3살까지를 제로 투 쓰리(Zero to Three)라고 부르는데 이는 아이들 뇌 발달의 골든 타임이라는 것이다. 실제로 뇌 발달의 80% 정도가 이 시기에 이루어지며 성격은 물론 사회

성과 정서 조절 능력까지 만들어 진다고 하니 인생에서 가장 중요한 시기라고 해도 과언이 아닌 것 같다. 그러고보면 우리 선조들은 교육학자였다. '세 살 버릇 여든까지'는 속담이 아니라 최고의 교육학 이론인 셈이다.

  버릇에는 말버릇, 잠버릇, 술버릇 다양하다. 살아가면서 다른 버릇들도 잘 들여야 하겠지만 그중 말의 버릇은 특히 중요한 것 같다. 말버릇만 보아도 그 사람이 어떻게 자랐는지 금방 알아차릴 수가 있기 때문이다. 말은 마음을 담는 그릇이고 입은 마음의 문이라고 한다. 집안에서 부모가 주로 쓰는 말 그리고 아이들이 쓰는 말이 어떤지 주의 깊게 살펴볼 필요가 있다.

  아이들은 발달단계에 따라 성장해 간다. 그리고 말을 통해 성장해 가는 것 같다. 내 아이도 그러했을 것이다. 그런데 내 아이가 어떤 말을 하며 자랐는지 기억나는 게 별로 없으니 나는 엉터리 엄마였다. 이럴 줄 알았으면 기록이라도 해 두었을 걸 하는 아쉬움이 많이 남는다. 그나마 기억나는 몇 가지 일화가 있다.

#1

유치원에 다녀온 어느 날

"엄마, 오늘 유치원에서 엄청 큰 '해라바기'를 보았어요."

"응? 해라바기? 아들, 해라바기가 아니고 해-바-라-기야."

"아. 그렇구나 해바라기가 엄청 컸어요."

오후에 태권도 학원을 다녀와서는

"엄마! 오늘 '가장님' 이요~~"

"응? '가장님'?"

"네, 가장님이 새 품새 알려주셨어요. 보실래요?"

"응. 그래 아들. 근데 가장님이 아니라 관장님이야."

그렇게 아들은 관장님을 '가장님'으로 '가장님'을 '강장님'으로 '강장님'에서 '간장님'으로 '간장님'에서 '관장님'으로 부르기까지 꽤 오랜 시간이 걸렸다. 아닌 게 아니라 아이들에게 '관장님'이라는 호칭은 외계어나 다름없었을 것이다.


#2

어느 날 차를 타고 시골 길을 달리고 있을 때였다.

뒷 좌석에 있는 아들이 물었다.

"엄마, 저게 뭐에요?"

"뭐? 어떤 거?"

"저거 말이에요. 저기 있는 저 하얀 거요."

"아~ 비닐하우스 말이구나."

"저기에 뭐가 있어요?"

"거기서 방울토마토도 키우고 수박도 키우고 하는 곳이야."

"꼭 백살 먹은 누에고치 같이 생겼어요."

그렇다. 순수한 아이 눈으로 바라보니 진짜 백 년 된 누에고치 모습처럼 보였다.


#3

어린이집 다닐 때였다. 독립기념관으로 체험학습을 다녀온 날 아들에게 물었다.

"오늘 체험학습 가서 재밌었니 아들?"

"네."

"거기 가서 뭐 보았는데?"

"네. 큰 탑도 보고 또 장수풍뎅이도 보았어요."

"아. 그래? 또? 유관순 누나는, 유관순 누나는 못 보았어?"

"네. 봤어요. 그 누나가 아이스크림도 사주었어요."

어머나! 유관순 누나가 아이스크림을 사주었다니.....

#4

중학교 때였다. 아마 중1이나 중2였을 것이다. 어느 날 학교에서 돌아온 아들이 진지한 얼굴로 물었다.

"엄마.... 그런데 '존나'가 뭐에요?"

"존나? 글쎄. '존나'가 뭘까? 뭐할 때 '존나'라는 말을 했는데?"

"존나 빠르다 할 때 존나요?"

"아~~ 그건...욕이야. 남성의 성기를 비하해서 '좆'이라고 해."

퇴근한 남편에게 그 이야기를 들려주었다. 그날 밤 우리 부부는 '아들의 원만한 교우관계를 위해 적당한 욕은 가르쳐야 하는 게 아닌가?'에 대해 진지하게 고민했던 기억이 있다.

그 이후로 계속 아들의 말들을 놓치지 말았어야 했다. 귀 기울여 경청했어야 했는데 그러지 못하였다. 바쁘다는 이유로 아이의 말이 성장하는 것을 못 본 채 하였으니 참으로 염치없는 일이다. 부끄럽고 미안한 일이지만 다시 되돌릴 수 있다면 좀 더 좋은 엄마가 될 수 있을 것 같은데 말이다.

　아이는 부모의 거울이다. 부모의 말과 행동을 보고 따라 하기 때문이다. 아이의 말은 하루아침에 버릇이 되거나 습관이 되는 건 아니다. 세 살부터 하루하루 보고 들은 것을 학습해가며 몸과 마음에 차곡차곡 축적했다가 여든까지 만들어 내는 산물인 것이다. 그러니 부디 말 조심해야 한다. '이청득심(以聽得心)'의 마음으로 아이들의 말에 귀를 기울여야 할 것이다.

내일을 그리다 3

# 어떻게 살 것인가

　얼마 전 독서 모임에서 『이반 일리치의 죽음』을 함께 읽었다. 정초부터 죽음을 생각하는 것 같아 무거운 마음으로 읽기 시작했는데 막상 책을 다 읽고 나니 마음이 한결 가벼워졌다. 책은 죽음을 말하는 듯하지만 실상은 삶에 대해 말하고 있었다. 주인공 이반 일리치의 죽음을 통해 인간은 모두 죽는다는 명제를 어떻게 받아들일 것인지 미리 생각해 보는 시간을 갖고 남은 삶을 어떻게 살아야 할지 깊이 있게 성찰하게 만든다. 삶과 죽음을 이토록 명료하게 정리해준 톨스토이에게 다시금 경의를 표하게 된다.

　주인공 이반 일리치는 고등법원 판사로 남들이 보기에 제법 잘 살아온 사람이었다. 그러나 페테르부르크에서 부와 명예가 보장된 삶을 막

시작하려던 때, 신하수증이라는 병에 걸리고 만다. 병이 깊어지면서 죽음을 앞두게 되었지만 그의 고통을 진심으로 이해하려는 사람은 아무도 없었고 세상만사는 여전히 아무렇지 않게 흘러가는 듯했다. 그 사실이 그를 더욱 아프게 했다. 심지어 아내조차 남편의 병이 남편 탓이라 여겼고 오히려 그 때문에 자신이 죽을 지경이라고 생각한다. 사랑하는 딸 역시 아버지의 고통을 이해하지 못하고 도리어 자기가 무엇을 잘못해서 그러느냐고 화를 낸다. 주변 사람들도 모두 괜찮아질 거라며 위선적인 거짓말만 늘어놓을 뿐이다.

이반은 혼란스럽다. "왜, 하필, 내가 이런 병에 걸렸을까? 어디서부터 잘못된 것일까?" 자신의 삶을 뒤돌아보며 홀로 철저하게 외로운 시간을 보낸다. 젊은 시절 아내와의 갈등을 피하기 위해 일에만 몰두했고 가정을 버리고 일을 선택해 무작정 앞만 보고 달려왔다. 그는 "산을 오르고 있다고 생각했는데 사실은 산을 내려가고 있었던 거야"라고 뒤늦게 깨닫는다. 인정받는 법조인이 되기 위해 모든 것을 희생하며 달려왔지만 그 길이 올바른 방향이 아니었음을 알게 된 것이다.

그는 아무것도 할 수 없는 처지로 점점 다가오는 죽음을 앞에 두고 자신을 이해하고 가엾게 여겨주는 사람 하나 없이 지독한 외로움과 인간의 냉담함, 신의 무정함에 서러워 어린아이처럼 울 수밖에 없었다. 마지막까지 그가 위안을 받은 존재는 가족이 아니라 병든 주인의 몸을 씻고 오물을 치우고 죽을 떠먹이며 진심으로 돌보아준 하인 게라심이었다. 죽음이 가까워진 이반은 죽기 한 시간 전, 자신의 손을 잡고 슬퍼하는 아들을 보며 마지막 힘을 다해 자신을 용서해 달라고 고백한다. 그리고 그 순간, 통증과 죽음에 대한 공포는 사라지고 그는 45세의 나이로 생을 마감한다.

이반 일리치의 사망 소식에 사람들은 슬퍼하기보다는 그의 죽음이 자신 혹은 다른 이들의 승진이나 자리 이동에 어떤 영향을 미칠지에 더 관심을 보인다. 자기가 아닌 그가 죽은 것에 안도를 하는 모습도 보인다. 심지어 그의 아내조차 죽음을 슬퍼하기는커녕 사망으로 인한 추가 연금 지급 가능성에만 관심을 보인다.

"메멘토 모리(Memento Mori) 죽음을 기억하라, 우리는 반드시 죽는다는 것을 기억하라." 우리는 모두 언젠가는 죽는다. 인생에서 가장 중요한 순간은 바로 지금이며, 가장 소중한 사람은 바로 지금 나와 함께하는 사람이요, 가장 중요한 일은 바로 그 사람과 함께하는 일이다. 이제부터라도 세상이 정해놓은 기준에 따라 과시할 성공만을 좇느라 소중한 시간을 허비하지 말고 나의 사랑하는 사람들을 더욱 이해하고 사랑하며, 돌보아야 한다. 나 자신을 포함한 모든 인간을 가련한 존재로 여기고 그들의 고통을 공감하고 이해하려는 연민의 감정을 품어야 한다. 이 중요한 삶의 진실을 이반 일리치처럼 죽음 직전에야 깨닫지 말고 살아 있는 지금 늘 가까이 두고 기억해야 한다. 그것이야말로 진실한 성공의 삶임을 톨스토이는 우리에게 말해주고 있다.

# 나마스떼

대학 시절 심리철학을 가르치신 교수님의 꿈은 은퇴 후 천의무봉을 걸치고 홀로 인도 여행을 떠나는 것이라고 하셨다. 천의무봉(天衣無縫)이란 선녀들이 입는 옷으로, 꿰맨 자국이나 솔기가 없는 옷을 뜻한다. 마치 바람처럼 자유롭게 이곳저곳을 떠돌고 싶다는 말씀이셨다. 여행이야 그리 어려운 일이 아니지만 인도라는 나라에서 맨몸에 천 하나만 둘둘 감고 맨발로 다니는 여행이라니 마치 구도자의 모습이 떠올랐고 왠지 멋있어 보였다. 지금은 퇴직하신 지 꽤 되었는데, 그 꿈을 이루셨는지 문득 궁금해진다.

몇 해 전, 나도 인도 여행을 다녀온 적이 있다. 막내 동생이 인도의 매력에 빠져 시간만 나면 인도로 떠나곤 했는데, 도대체 무엇이 그리

매력적이길래 다니던 직장까지 그만두고 찾게 되었는지 궁금했다. 원래 계획은 남편과 단둘이 단출하게 떠나는 여행이었지만 갑자기 일이 커졌다. 시부모님께서 함께 가고 싶다고 하셔서 거절할 수 없었고 마침 시간이 난 딸까지 합세하면서 여행 인원은 다섯으로 늘었다. 인도는 젊은이들도 여행하기 쉽지 않은 나라라 걱정이 앞섰다. 땅덩어리가 넓어 차를 오래 타야 하고 관광지도 많이 걸어 다녀야 하는 데다 무엇보다 큰 문제는 무더운 날씨였다. 그럼에도 불구하고 큰아들 내외와 처음으로 떠나는 해외여행이라 두 분 모두 좋아하셨다. 이미 예약을 마친 상태라 다른 나라로 바꾸는 것도 어려웠고 결국 그대로 강행했다.

사전에 어느 정도 각오는 했지만 역시 인도에 도착하자 가는 곳마다 사원이고 보는 것마다 불상이었다. 날씨는 상상 이상으로 더워 숨이 막힐 지경이었다. 교회 권사님이신 어머님을 생각하면 인도보다는 산티아고 순례길이 훨씬 어울렸겠다는 아쉬움이 남았다. 특히 힌두교 최대 성지로 알려진 바라나시 갠지스강 가의 화장터를 방문한 날은 잊을 수가 없다. 해가 어둑해질 무렵, 갑자기 소나기가 쏟아졌다. 강 위의 배들이 뒤엉키고 배 위에 있던 수많은 사람들이 몰려들며 순식간에 아수라장이 되었다. 연기와 낯선 냄새, 무질서한 모습은 '지옥이 있다면 이런 모습이 아닐까' 싶을 정도로 충격적이었다. 우리 일행은 뿔뿔이 흩어졌고 밀고 밀리는 군중 속에서도 남편과 어머님 손은 놓지 않았지만 딸과 시아버님은 아무리 둘러봐도 보이지 않았다. 가이드도 보이지 않았다. 쏟아지는 비에 물은 금세 무릎까지 차올랐고 신발은 절벅거렸으며 오물과 시궁창 냄새가 뒤엉켜 어떻게든 그곳을 탈출하고 싶다는 생각뿐이었다. 다행히 아침에 호텔에서 나올 때 가방에 넣어둔 호텔 명함이 생각나 릭샤를 세우고 명함을 내밀었다. 걱정 가득한 마음으로 호텔에 도착하자 로비에 반가운 얼굴이 보였다. 딸은 다행히 가이드와 함께 있었기에 할아버지를 모시고 무사히 돌아올 수 있었다.

  목욕을 하고 옷과 양말, 신발을 빨았지만 냄새는 좀처럼 가시지 않았다. 두 번, 세 번을 빨아도 마찬가지였다. 평생 두 번 하라면 못할 것 같은 인도 여행. 가는 곳마다 우리를 따라다니며 구걸하는 아이들, 뙤약볕 아래 밭에서 일하는 시골 아낙네들과 달리, 그늘에 모여 장기를 두며 한가롭게 시간을 보내는 남자들, 골목 땅바닥에 누운 걸인들과 그 옆의 개똥과 소똥들…. 여행 내내 마음이 불편했다.

  하지만 단 한 번의 짧은 여행으로 인도를 단정짓는 건 장님이 코끼리를 만지는 격일 것이다. 먼지와 소음, 혼잡과 무질서가 나에겐 고통이었지만 어떤 이들에게는 혼돈 속의 질서, 무질서 속의 고요, 빈곤 속의 여유, 영혼의 자유로움이 느껴지는 나라일지도 모른다. 인도를 사랑하는 동생처럼 이곳저곳을 다니며 수많은 사람을 만나고 그들의 삶을 찬찬히 들여다본다면 언젠가 나도 인도의 매력에 빠질지 모른다. 어쩌면 언젠가는 나도 교수님처럼 천의무봉을 걸치고 갠지스강 주변을 바람처럼 떠돌고 있을지도 모르겠다. 나마스테, 인도!

# JOMO로 살아가기 Joy of missing out

최근 카톡 친구들을 정리했다. 세상에, 친구가 이렇게 많았던가. 지워도 지워도 끝이 없다. 생전 연락 한 번 하지 않고 지내는 사람들, 누군지도 모를 낯선 이름들도 많다. 쉴새없이 지웠건만 아직 '디귿'까지밖에 정리하지 못했다.

옥스퍼드대학교의 로빈 던바 교수가 제시한 '던바의 법칙'에 따르면 한 개인이 인간관계를 맺을 수 있는 친구는 150명 남짓이라고 한다. SNS 친구가 1,000명이 넘는다 해도 정기적으로 연락하는 사람은 150명 정도이고 이 중에서 끈끈한 관계를 유지하는 사람은 고작 20명도 되지 않는다는 것이다.

얼마 전, 만난 지인의 따님이 미국 주식으로 큰 수익을 냈다며 자신도 투자했다고 말했다. 집으로 돌아와 나도 이제라도 미국 주식을 사야 하나, 골드바를 사야 하나 잠시 고민했다.

요즘엔 친구들이 수시로 "너 어제 그 유튜브 봤지?", "오늘 뉴스 봤니?" 하며 SNS를 들락거린다. 새로운 정보가 뜨면 곧바로 단톡방에 공유한다. 시국이 뒤숭숭하고 시대가 급변하다 보니 예전보다 더 자주 그런다.

다들 어쩜 이렇게 똑똑하고 빠를까. 나만 뒤처지는 건 아닐까, 살짝 걱정되기도 한다. 이렇게 나 혼자 모르고 있으면 세상에서 소외되는 것 같은 두려움, 이를 FOMO(Fear of Missing Out)증후군이라고 한다.

한동안 나도 FOMO 증세로 불편한 나날을 보냈다. 늘 SNS 세상 속에 살며 누군가 캠페인 주자로 지명하면 다음 주자에게 넘기고 그들과 소통하며 관계를 유지하느라 많은 시간을 소비했다. 시간과 장소를 가리지 않았고 관계를 맺는 사람도 가리지 않았다.

그러나 그것은 마치 주식처럼 한시도 눈을 뗄 수 없는 일이었다. 다람쥐 쳇바퀴 돌듯 하루 대부분을 그 안에서 보내며, 사람들과의 관계가 늘어날수록 한편으론 뿌듯하면서도 "이거 모두 부질없는 일 아닌가" 하는 생각이 스쳤다.

그래서인지 기쁨과 행복이 채워지기보다는, 오히려 상대적인 결핍과 공허함이 커져만 갔다. 결국 과감히 FOMO의 삶을 접고 JOMO의 삶을 선택하기로 하였다.

JOMO(Joy of Missing Out)란 소외되는 것을 부정적으로 보기보다, 그 속에서 오히려 즐거움을 찾는 태도를 말한다. 자발적인 소외의 삶이다. SNS 관계를 줄이고 타인과의 비교를 멈추는 대신, 자신만의 삶을 즐기는 것이다.

자신의 시간과 선택을 소중히 여기고 자기 내면의 소리에 귀 기울이며 행복을 추구하는 삶. 타인을 의식하느라 느끼는 스트레스에서 벗어날 수 있으며, 오히려 '놓치는 것'에서 기쁨을 얻으며 삶의 질을 높일 수 있다.

이제라도 자발적인 JOMO의 삶을 선택하게 되어 참 다행이다. 소외가 두렵지 않다. 오히려 기쁘다. 그래, 까짓것 그러라고 해라. 좀 놓치고 살면 어떻고 소외되며 살면 또 어떤가? 시대에 뒤처지고 흐름에서 비켜나면 또 어떠한가.

SNS 대신 조용히 책상에 앉아 책을 읽고 먹물을 찍어 화선지에 글을 쓴다. 그러다 따뜻한 햇살을 받으며 산책길을 나선다. 주변의 소음과

혼란에서 벗어나 혼자 즐기는 이 시간들이 참으로 호젓하다. 공허했던 마음이 드디어 기쁨과 행복으로 채워지는 것 같다.

  이제부터는 내가 원하는 것은 선택하고 나머지는 과감히 정리할 것이다. SNS 친구들 대신, 진짜 내게 소중한 사람들과 시간을 보낼 것이다. 우선, 내일은 아직도 끝나지 않은 카톡 친구 정리를 계속해야겠다.

## 눈금 사이로

언니한테 전화해서 안부를 물었다.

"언니! 오늘은 그래도 날이 시원한 것 같아요. 어제부터 더위가 한 풀 꺾인 것 같죠?"

"그래 맞아 이제 살만해. 참 신기하지? 아무리 덥다 덥다 해도 계절은 눈금 사이로 살곰살곰 오는 것 같아."

계절이 눈금 사이로 살곰 살곰 온다니, 언니는 어쩌면 그렇게 시적인 표현을 할 수가 있을까! 언니의 말마따나 절기에 맞추어 꼬박꼬박 계절의 눈금이 그어진 그 사이로, 또박또박 또 다른 계절이 오고 있는 것이다. 아쉬운 여름을 배웅하니, 부지런한 가을이 마중을 나오는 것도 어쩌면 당연한 우주의 질서다.

'눈금'이란 자, 저울, 온도계 등에 표시되어 길이나 양을 나타내는 선으로, 눈으로 짐작하여 긋는 금이다. 나는 눈금을 보면 이상하게도 평소보다 예민해진다. 건강검진을 받을 때면 체중계의 눈금을 확인하는 일에 민감하다. 조금이라도 체중을 덜기 위해 무게 나갈 만한 것들을 모두 벗어두고 실눈을 뜬 채 체중계의 눈금을 들여다보곤 한다.

가끔 장에 나가보면 시골 장터 여기저기에 저울이 늘어서 있다. 생강이나 제철 깐 굴, 생새우 등을 살 때면 나도 모르게 저울 눈금 사이로 흔들리는 바늘을 따라 눈동자가 흔들린다. 자동차 연료 게이지의 눈금이 E에 가까워져 경고등이 켜지면 마음에도 빨간 불이 함께 켜지기 마련이다.

프로타고라스는 "인간은 만물의 척도다"라고 말했다. 인간이 만물을 판단하는 잣대이자 기준이라는 뜻이다. 사람마다 그 눈금의 폭은 다 다르다. 진리는 관점에 따라 달라지며, 절대적인 진리는 없다는 말처럼, 사물의 가치를 매기는 척도도 사람마다 다르다. 그러니 사람이나 사물에 대한 판단은 서로 다를 수 있음을 인정하고 생각이 다른 사람의 입장도 존중해줘야 한다.

아이들이 어릴 적 살던 집, 안방과 거실 사이의 기둥에는 아이들 키를 잰 눈금들이 새겨져 있었다. 키가 크지 않은 남편은 유독 아이들 키 성장에 관심이 많았다. 수시로 아이들을 세워놓고 머리 위에 금을 긋고는, 그 옆에 볼펜으로 날짜를 적곤 했다. 깨끗한 흰 벽지 위에 생긴 시커먼 금도 그렇지만 그 옆의 날짜 표시들이 여간 거슬리는 게 아니었다. 그래도 그걸 작은 기쁨이자 낙으로 여기는 남편을 생각해 그냥 눈감아 주었다.

아이들이 중·고등학생이 되자 이번에는 키가 아니라 허벅지를 재기 시작했다. 나까지 포함해 세 명을 쪼르르 소파에 앉혀놓고는 줄자를 들고 나와 한 명씩 허벅지를 재며, 몇 센티인지 불러달라고 했다. 엄마를 닮아서 다행이라며 무척 흐뭇해했다. 그러고 보니 아이들의 성장도 눈금으로 이어진 일생의 기록인 셈이다.

눈금은 마음에도 있다. 요즘은 눈에 보이는 저울이나 줄자의 눈금보다 보이지 않는 마음의 눈금이 더 중요하게 느껴진다. 누구나 마음속에 온도계의 눈금을 가지고 있지만 눈금이 많은 사람도 있고 적은 사람도 있다. 다른 사람과의 관계 속에서 오랜 세월을 통해, 나이테처럼 마음에 눈금이 하나씩 생긴다.

마음에 눈금 하나 긋고 그 옆에 날짜도 적고 별표도 하고 그 순간의 느낌을 짧게 남겨놓기도 한다. 마음에 눈금이 촘촘하다는 것은 그만큼의 기록이 쌓였다는 뜻이다. 다른 사람을 이해하는 폭이 넓어졌다는 의미이고 기록만큼 성장했다는 뜻이기도 하다.

프로타고라스의 말에 굳이 덧붙이자면 마음의 눈금이 촘촘하게 새겨진 사람이야말로 진정한 만물의 척도가 아닐까.

하루가 다르게 차가워지는 밤/ 꿈 같던 여름날은 지나고/ 마지막까지 다정했던 그대는/ 이젠 멀어져가네/ 옷깃을 여미며 혼자서 걷는 길/ 오늘도 햇살은 빛나지만/ 굳이 끝까지 친절했던 까닭에/ 설마 했던 마음은 다시 또 제자리에/ 세상모르고 혼자 봄이었네/ 나만 모르는 계절을 살았었네/ 햇살이 따듯해도 속지 마라/ 그늘에 서면 서늘해지는 계절/ 웃으며 말하는 모습이 낯설어/ 하늘을 보면 어느새 높아 허전한 사람/ 나의 계절이 봄을 지날 때/ 당신의 계절은 겨울쯤이었나/ 차갑게 말라버린 그 겨울 내내/ 끝없는 비가 내렸네.

〈브로콜리 너마저 윤덕원 작사곡, 두계절〉

계절이 눈금 사이로 소리 없이 오듯, 우리의 삶도 세월의 눈금들 사이로 오는 것 같다. 이렇게 계절을 떠나보내거나 사람을 떠나보낼 때, 좋은 노래는 마음에 위안을 준다. 노래도 좋은데 가사까지 좋으면 더 말할 나위 없다.

'브로콜리 너마저'의 노랫말처럼, 살다 보면 같이 봄을 지내고 있는 줄 알았는데, 알고 보니 혼자만 봄일 수도 있다. 하지만 세상 모르고 혼자 봄이었다 해도 어떤가. 곧 여름이 오고 또 가을은 올 것이다.

같은 시간 안에서도 두 마음이 공존하고 두 계절이 공존하는 오늘 같은 날에는 따뜻한 음악이 위로가 되고 뜨거운 커피가 위안이 된다. 아메리카노 한 잔과 '브로콜리 너마저'의 윤덕원이 노래하는 〈두 계절〉을 들으며, 눈금 사이로 조용히 다가오는 계절을 맞이해보자.

# 복수초 피는 봄

　우리 집 마당에 복수초 두 송이가 올라왔다. 샛노란 복수초가 얼어붙은 땅을 뚫고 나왔으니 이제 봄이 왔나 보다. '근데 이상하다. 왜 두 송이밖에 안 나왔지? 혹시 너무 추워 얼어 죽었나?' 걱정을 하고 있던 차에 소영 언니에게 전화가 왔다.

"뭐 해? 복수초 보러 안 갈래?"
"네. 좋아요. 가야죠."
전화를 끊고 언니네 집으로 달려갔다.

　복수초 군락지는 언니네 집 근처 대치리 천주교 순례길에 있다. 한티 고개가 시작되는 입구에 차를 대고 오르막길을 조금 오르면 금세 복수초들을 만날 수 있다. 이 길은 천주교가 박해받던 시절, 1,000여 명의 신자들이 고문을 당하고 해미읍성까지 걸어가 순교했던 바로 그 길이다. 그 길을 걸었던 순교자들은 죽음 앞에서 얼마나 무섭고 두려웠을까 생각하니 가슴이 먹먹해진다.

열댓 발짝 정도 더 들어가자 어느새 숲 바닥 전체가 노랗게 물들어 있었다. 나무 사이사이 쌓인 낙엽들 위로 샛노란 복수초들이 옹기종기 피어 있었다. 햇볕이 잘 드는 양지에 낙엽까지 쌓여 기름진 이곳은 복수초가 자라기에 최적의 환경인 듯하다. 키 작은 복수초는 꽃도 앙증맞고 작은 아스파라거스처럼 생긴 잎도 참 예쁘다. 대충 세어보아도 수백 송이는 족히 넘는 복수초 군락지를 멀리 가지 않고도 해마다 볼 수 있음이 참으로 행복하다.

"이것 좀 봐, 너무 예쁘지 않아? 어쩔 거야, 홍홍홍."
"그러게요, 이를 어쩌죠? 호호호."
"어째 올해는 작년만 못한 것 같지 않아?"
"아닌 게 아니라 올해는 좀 더 추웠나 봐요. 우리 집에도 두 송이밖에 안 올라왔더라고요."

한참을 복수초를 바라보며 언니와 함께 봄 마중, 꽃 마중을 마치고 내년 봄을 기약하며 발길을 돌렸다.

산속에 복수초는 피어났건만 대한민국은 아직도 살얼음판 같은 겨울이다. 추위도 너무 춥다. 하지만 어두운 밤이 지나면 새벽이 오듯, 이 겨울도 지나가고 언젠가 따뜻한 봄은 반드시 올 것이다. 아무리 늦어지더라도 지치지 말고 쓰러지지 말고 그날을 기다려야 한다. 찬란한 봄을 맞이해야 하니까. 최근, 사랑하고 자랑스러운 대한민국의 현실을 외면할 수 없다며 바티칸 교황청 성직자부 장관인 유흥식 추기경이 보내온 영상 담화문을 보았다.

"법은 상식과 양심으로 해결이 안되는 일이 있을 때 사용할 수 있는 인간 사회의 최후 보루입니다. 따라서 되도록 상식과 양심 안에서 해결될 수 있어야 좋은 사회입니다 …그런데 우리 사회는 양심이라는 말이 빛을 잃은 지 오래입니다. 이미 법에만 저촉되지 않으면 무슨 일을 해도 된다는 마음을 넘어, 법을 가볍게 무시하는 일을 서슴지 않는 무서운 마음이 자리 잡았습니다. 누구보다 정의와 양심에 먼저 물어야 하는 사회 지도층이 법마저 지키지 않는다면 우리 사회는 어디로 갈 수 있겠습니까 …그래서 위기의 대한민국을 위한 갈급한 마음을 가지고 헌법 재판소에 호소합니다. 되어야 할 일은 빠르게 되도록 하는 일이 정의의 실현이며 양심의 회복입니다. 우리 안에, 저 깊숙이 살아 있는 정의와 양심의 소리를 듣는다면 더 이상 지체할 이유가 없을 것입니다. 프란치스코 교황님은 '고통에는 중립이 없다'라고 말씀하셨습니다. 이와 마찬가지로 정의에는 중립이 없습니다. 우리 헌법이 말하는 정의의 판결을 해주십시오."

종교계 지도자로서 진정성을 담은 이 영상 메시지가 사회 지도층들에게 울림이 되길, 그리고 그들이 반드시 귀기울여 듣기를 바란다.

> 기다리지 않아도 오고
>
> 기다림마저 잃었을 때에도 너는 온다
>
> 어디 뻘밭 구석이거나
>
> 썩은 물웅덩이 같은 데를 기웃거리다가
>
> 한눈 좀 팔고 싸움도 한판 하고
>
> 지쳐 나자빠져 있다가
>
> 다급한 사연 듣고 달려간 바람이
>
> 흔들어 깨우면
>
> 눈 부비며 너는 더디게 온다

더디게 더디게 마침내 올 것이 온다

너를 보면 눈부셔

일어나 맞이할 수가 없다

입을 열어 외치지만 소리는 굳어

나는 아무것도 미리 알릴 수가 없다

가까스로 두 팔을 벌려 껴안아 보는

너, 먼 데서 이기고 돌아온 사람아. 〈이성부, 봄〉

  이성부 시인의 시처럼 아무리 추워도 봄은 오고 아무리 더뎌도 기다리면 마침내 꼭 돌아온다. 그렇게 대한민국의 모든 국민이 지금의 시련을 잘 이겨냈으면 좋겠다. 복수초만 하더라도 씨앗이 싹을 틔운 뒤 6년쯤 지나서야 비로소 꽃을 피운다고 한다. 봄이 되면 우리는 복수초를 찾아가 쉽게 그 노란 꽃을 보지만 사실은 오랜 겨울을 참고 인고의 시간을 견뎌낸 끝에야 비로소 꽃을 피운 것이다.

  '영원한 행복' 또는 '슬픈 추억'이라는 복수초의 꽃말처럼, 오늘의 대한민국은 언젠가 역사 속 슬픈 추억으로 남을지 모르지만 그 시간을 지혜롭게 이겨낸다면 앞으로의 미래는 분명 더 따뜻하고 행복해질 것이다.

## 선암사에 가다

사월이 시작되기 전, 이른 아침에 선암사로 향했다. 전라남도 순천시 승주읍 조계산 자락에 자리한 선암사는 태고종의 총림이다. 이번이 세 번째 방문이다. 첫 번째는 십여 년 전, 선암사 반대편에 있는 송광사에서 시작하여 선암사까지 고개를 넘어온 일이 있었다. 단풍철이라 아름다운 가을 단풍에 마음도 붉게 물들었고 고개 중턱의 보리밥집에서 먹은 밥맛은 오랜 세월이 흘러도 잊혀지지 않을 만큼 꿀맛이었다. 두 번째 방문은 눈 덮인 엄동설한, 선암사 내에 있는 한옥에서 하룻밤 머물렀는데 너무 추워 오들오들 떨었던 기억이 강하게 남아 있다. 그리고 이번에는 봄이다. 아름다운 계절에 다시 선암사를 찾았다.

주차장에 차를 세우고 입구부터 계곡을 따라 걷다 보니 '우리나라에서 가장 아름다운' 이라는 수식어가 붙은 무지개 모양의 승선교가 보였다. 그 옛날, 철근 하나 쓰지 않고 과학적으로 돌을 쌓아 올려 어떻게 이런 아름다운 다리를 만들 수 있었을까! 건너면 속세의 때를 벗고 신선이 된다지만 나는 아무리 건너도 신선이 될 것 같지 않아 이번에도 그냥 보고 지나쳤다.

만세루 옆에서 예쁜 분홍색 꽃초를 하나 사서, 소원을 한자 한자 정성 들여 적었다. 꽃초를 들고 기도를 올릴 관음전을 찾아 걸음을 옮겼다. 대웅전, 지장전, 불조전, 팔상전, 조사전, 원통전…아무리 둘러보아도 관음전이 보이지 않았다. 조금 더 가보니 각황전(무우전)이다.
"이상하다. 관음전이 안 보이네? 어디 있는 거지?"
지나가는 사람에게 물었더니 대웅전 뒤쪽 계단을 올라가면 있다고 했다. 다시 올라가 찾아보아도 없다. 귀신이 곡할 노릇이다. 불조전 아래쪽에 비구니 스님이 보여 달려가 여쭈었다. 스님은 불조전과 팔상전 사이에 관음전이 앞으로 툭 튀어나와 있는데, 잘 보이지 않을 수 있다고 하셨다. 다시 올라가 봐도 여전히 찾을 수가 없다. 바로 옆에 공사하는 곳이 있어 물어보았지만 잘 모른다 하셨다. 원통전 앞에서 난감해하며 "도대체 관음전은 어디에 있는 거야"라고 혼잣말을 했는데, 지나가던 인상 좋은 거사님이 들으시곤 부드러운 미소를 지으며 말씀하셨다.

"원통전이 관음전이에요. 관세음보살님을 원통보살이라고도 해요."

이럴수가! 코앞에 두고도 찾지 못하는 어리석은 중생이 아닌가! 민망하기도 했지만 그보다 반가운 마음이 앞섰다. 혹시나, 무식한 중생을 딱하게 여긴 관세음보살님이 그 점잖은 거사님으로 잠시 화하여 나타나셨던 건 아닐까.

원통전은 다른 도량과는 건축 양식이 많이 달랐다. 옛날 왕실의 기도터였던 공간이라 은밀하게 담장 안에 숨은 듯 자리했다. 불조전과 팔상전 사이에 숨어 있어 실제로 사람들에게 쉽게 보이지도 않는다. 준비해 간 꽃초를 올리고 관세음보살님께 정성껏 기도를 드린 뒤, 내부를 조용히 둘러보고 있을 때였다. 마침 스님 한 분이 어떤 남자 분을 모시고 들어오셨다. 그러더니 원통전에 대해 설명을 시작하시는 게 아닌가. 아니, 이게 또 웬 복이람! 너무 반가워 귀를 쫑긋 세우고 스님의 설명을 슬쩍 귀동냥했다.

원통전은 사찰인데도 조선 왕실의 건축 양식인 고무래 정(丁)자형으로 지어진 전각으로 내부에 대들보가 없다고 하셨다. 관음보살상 위의 천장을 보니 정말로 대들보가 없이 천장 장식 하나하나가 모두 정교하게 조각되어 있었다. 보살상 양옆에는 집처럼 꾸며진 꽃살문이 달려 있었는데, 이는 부귀를 상징하는 모란 문양이라 했다. 원래 원통전 우측엔 벽이 없었지만 사람들이 지나치게 시끄럽게 하여 나중에 벽을 세우고 회랑을 만들었다는 이야기도 전해주셨다.

전각 내부에는 '대복전(大福田)'이라는 편액이 걸려 있었는데, 이는 순조 임금의 친필이라 한다. 작은 글씨로 '어필(御筆)'이라 쓰여 있는데, 이를 알면 손을 탈까 염려되어 크게 알리지 않는다고 했다. 정조에게 후사가 없어 눌암 스님에게 백일 기도를 부탁했고 그 기도 덕분에 다음 해 순조가 태어났기에 임금이 감사의 뜻으로 내린 것이라고 한다.

아침 일찍 불쑥 기도를 잘 들어주신다는 관음전을 찾아왔지만 관음전이 원통전인지도 모르고 그 앞에서 헤매고 헤매다 비로소 찾게 된 이 관음전이, 후사가 없어 애타던 정조의 소원을 들어주신 바로 그 도량이라는 것을 알게 되자 온몸에 소름이 돋았다. 아침 일찍 먼 길을 찾아와 기도하고자 했던 연유도 바로 그 때문이었으니 우연치고는 참으로 기가 막힌 일이 아니겠는가!

인사를 올리고 원통전에서 나오자 은은한 향과 함께 온갖 꽃들이 눈에 들어왔다. 홍매, 백매, 벚꽃, 개나리, 산수유, 동백, 목련 … 봄철에 필 수 있는 꽃들이란 꽃들은 모두 피어 있는 것 같았다. 그 중 단연 최고는 역시 매화였다. 선암사에서 자라는 600년 된 토종 매화를 '선암매'라 하는데 무우전 옆 돌담길을 따라 수십 그루의 매화가 구름처럼 피어 있었고 사진작가로 보이는 이들이 연신 셔터를 눌렀다. 나도 휴대폰으로 몇 장을 찍고 매화향은 코끝을 지나 가슴 깊이 간직했다.

배가 고파 아쉬움을 뒤로하고 내려오는 길, '우리나라에서 가장 운치 있는 뒷간'이라는 해우소에 잠시 들렀다. 다리가 후들거렸다. 정호승 시인은 "눈물이 나면 선암사 해우소로 가서 실컷 울라"고 했지만 천길 낭떠러지 같은 깊은 뒷간에 앉아 있자니 무서워서 나오려던 눈물도 도로 쏙 들어갈 판이었다.

    눈물이 나면 기차를 타고 선암사로 가라
    선암사 해우소로 가서 실컷 울어라
    해우소 앞에 쭈그리고 앉아 울고 있으면
    죽은 소나무 뿌리가 기어다니고
    목어가 푸른 하늘을 날아다닌다
    풀잎들이 손수건을 꺼내 눈물을 닦아주고

새들이 가슴 속으로 날아와 종소리를 울린다
눈물이 나면 걸어서라도 선암사로 가라
선암사 해우소 앞
등 굽은 소나무에 기대어 통곡하라. 〈정호승, 선암사〉

  해우소를 나오자 소나무 와송이 눈에 보였다. 진귀한 소나무를 보호하기 위해 정성껏 기둥을 대어 잘 받치고 나무가 있는 곳 주변으로 기와 담장까지 둘러놓았다. 보통 나무는 반듯이 서 있는데 선암사 와송은 600년을 누워 계신다. 말하자면 송불(松佛)이다. 조선 숙종 때, 팔을 베고 와선(臥禪)으로 법을 깨쳤다는 현변 스님은 "곧은 것만이 최고가 아니며, 쓰일 곳 없는 굽은 나무가 오히려 장수하고 운치를 더할 수 있다."고 하셨다. 그 말씀처럼 이 세상에 쓸모없는 것은 아무것도 없다. 그러니 '내가 더 잘났다, 네가 더 잘났다'고 분별하지 말고 나 자신을 더욱 낮추며 살아야겠다는 생각이 들었다.
  찬란한 봄날, 이곳으로 불러주신 자비하신 관세음보살님께 이 어리석은 중생의 애틋한 기도와 음성도 부디 닿기를 바라며, 나는 선암사를 나섰다.

# 수덕사 답사기

새로운 마음으로 을사년 새해 아침을 맞이하였다. 아이들의 세배를 받고 떡국을 먹은 뒤, 우리 부부와 아들, 딸 내외는 수덕사로 향했다. 올 새해 첫날은 좀 더 의미 있게 보내보자는 내 제안에 모두가 불만 없이 따라나선 것이다. 사시 예불 시간에 늦지 않기 위해 서둘러 대웅전을 향해 걸음을 재촉했다.

날씨가 추워서인지 하늘이 유난히 파랗고 깨끗해 보였다. 예불은 오전 10시에 시작되기에 딸아이와 나는 대웅전에 들어가 자리를 잡았다. 영하의 기온 탓에 법당 안도 바깥처럼 매서워 손발이 시렸지만 이미 스님들과 신도들로 법당은 발 디딜 틈이 없었다. 예불을 마친 후 범종각 앞에서는 새해맞이 타종식이 이어졌다. 덕숭총림 방장 달하 우송스님이 "새해 첫날, 수덕사 대종 소리가 지축을 흔든다."라는 법문으로 새해를 열어주셨고 주지 스님의 인사말 뒤로 드디어 타종이 시작되었다. 맑은 법고 소리가 마음을 마구 두드리는 듯했다.

이어서 시작된 타종 시간, 스님들과 행사에 참석한 내빈들만 종을 칠 수 있을 거라 생각했는데, 수덕사를 찾은 모든 사람들에게도 한 번씩 범종을 울릴 기회를 주어 감동했다. 종을 쳤으니 이번에는 기와 불사도 해보자고 하니 모두가 순순히 동의했다. 기와 한 장에 가족 구성원 각자가 새해 가장 바라는 소원을 직접 적어보기로 했다. 남편은 '가족 건강', 나는 '만사형통', 사위는 '사업 번창', 딸은 '속득 회임', 아들은 '승승장구', 며느리는 '상업 번창'. 한 글자 한 글자 꾹꾹 눌러 쓰며 기념사진도 찍고 서로의 소원을 축원하며 뜻깊은 새해 첫날을 추억에 담았다.

수덕사는 우리 집에서 17km 떨어진 덕숭산 중턱에 자리한 천년고찰이다. 집에서 가까운데다 산세가 좋고 경관이 아름다워 가끔 찾는데, 조용한 경내에 들어서면 마음이 차분해지고 고요해진다. 언젠가부터 '템플스테이도 꼭 한번 해보자'는 생각만 하다 지난 시월에 자매들과 함께 수덕사 템플스테이를 하게 되었다. 우리는 휴식형 자율 프로그램을 선택하여 첫날은 무조건 편히 쉬기로 하고 대신 다음 날 새벽 예불에는 꼭 참여하기로 했다. 알람을 맞추고 잠이 들었다.

새벽 세 시, 예불을 알리는 범종 소리에 잠을 깼다. 부랴부랴 옷을 챙겨 입고 백운당을 나서 컴컴한 오르막길을 더듬어 대웅전 앞마당에 올랐다. 대웅전의 가운데 문인 어간문 틈 사이로 주황빛 불빛이 은은히 새어 나왔다. 세상에, 촛불이었다. 창호지를 통해 스며드는 촛불빛이 그토록 따뜻하고 강한 빛이 될 수 있다는 것이 신기했다. 다른 사찰들은 벌써 오래 전에 전등으로 바꾸고 새벽 예불도 네 시에 드린다지만 수덕사는 지금도 천오백 년 전처럼 촛불을 밝히고 백제 시대의 시간에 맞춰 새벽 세 시에 예불을 드리고 있는 것이다. 어둠 속에서 깨어나 몸과 마음이 맑아지고 충만해지는 듯한 경험이었다.

예불을 마치고 돌아온 우리는 저마다 느낀 감상을 나누며 씻고 공양간으로 향했다. 소박하지만 정갈한 아침 공양을 마치고 밖으로 나오자, 대웅전 앞마당에는 스님들이 대빗자루를 들고 마당을 쓸고 계셨다. 대략 40~50분은 되어 보였다. 적막한 경내에 오로지 '서걱서걱' 마당 쓸리는 소리만 울려 퍼졌는데, 그 소리가 그렇게 힐링이 되는 소리일 줄이야! 촛불에 이어 또 한 번의 놀라움이었다. 마음 수양을 위한 행위인지, 신체 단련을 위한 일인지 알 수 없지만 아마도 이것 또한 천 년을 이어온 수행의 한 모습일 것이다.

　스님과의 차담회를 끝으로 수덕사에서의 첫 템플스테이를 마쳤다. 동생들 모두 만족해하며 '다른 사찰 템플스테이도 해보자'고 입을 모았다.

　조선경국전에서 정도전은 "검소하나 누추하지 않고 화려하나 사치스럽지 않은 것(儉而不陋 華而不侈), 이것이 곧 '미'다."라고 하였다. 세월이 아무리 흘러도 전등 대신 촛불을 켜고 빛바랜 기둥과 색이 하얗게 변해버린 단청을 있는 그대로 간직한 수덕사는 누가 뭐래도 참으로 아름답다. 고집스러운 전통이 지켜낸 고귀한 유산, 앞으로 천년이 지나도 이 아름다움 그대로 남아 있기를 간절히 바란다.

# 호모 파덴스 Homo Fadens

부부는 서로 다르다. 함께 살아도, 오래 살아도 다르다. 남편은 늘 바쁘고 부지런하다. 나는 움직이는 걸 좋아하지 않고 느긋하다. 굳이 비유하자면 토끼와 거북이, 아니 개미와 베짱이같다. 1년 열두 달 같은 공간에서 서로 다른 생각을 하며 살아가지만 유일하게 4월이 되면 다른 공간에서 같은 생각을 하게 된다. 남편은 집 가까운 농막을 해마다 하루도 빠짐없이 살피지만 4월 한 달 만큼은 나도 하루도 빠지지 않고 들르는 개미가 된다.

4월은 아름답다. 누군가는 4월을
"죽은 땅에서 라일락을 피우고/ 추억과 욕망을 뒤섞고/ 잠든 뿌리를 봄비로 깨우는 잔인한 달"

이라고 하였지만 겨우내 얼어붙은 땅속에서 단단한 흙을 뚫고 나오는 새싹들의 모습을 보면 하루하루가 감동이다.

남편은 텃밭에서, 나는 꽃밭에서 각자의 그림을 그린다. 해가 갈수록 텃밭은 줄고 꽃밭이 늘어난다. 텃밭이 꽃밭으로 바뀔 때면 시골 어르신들의 반응은 시큰둥하다. 집 앞 도로변은 물론 밭 가장자리, 논둑의 빈 땅에도 바늘 꽂을 자리만 있으면 콩을 심든 깨를 심든 놀리는 법이 없다. 그런 어르신들 눈에는, 아까운 땅에 마거릿을 심고 에키네시아, 아스틸베를 심는 내 모습이 못마땅하다. 급기야 텃밭을 갈아엎고 작약을 심는 모습을 보시곤 한 말씀하신다.

"아니, 왜~?"

그 한마디에 '제정신이냐'는 의미가 담겨 있다.

4월은 쇼핑의 계절이다. 우리 동네 예산엔 몇 개의 장이 선다. 요즘 예산시장은 스타 셰프로 이름난 덕분에 관광객들로 북적인다. 우리는 그런 인파를 피해 주로 덕산장과 고덕장에 간다. 덕산장은 4일과 9일, 고덕장은 3일과 8일에 선다. 남편은 시골 장에 가면 심장박동이 빨라지고 눈이 반짝인다.

장난감 가게 앞에 선 어린아이 같다. 어떤 모종을 살지, 얼마나 살지를 골똘히 고민하다가 상추, 가지, 호박, 아욱, 아삭이고추, 청양고추, 치커리 등 이것저것 신이 나서 사들인다. 나는 그런 데는 관심이 없고 파출소 앞에 펼쳐진 꽃시장으로 끌려가듯 발길을 옮긴다. 될 수 있으면 월동이 가능한 식물을 사자고 마음먹지만 봄 한 철 피는 꽃들과 눈이 마주치면 결국 사고 또 산다. 그렇게 호사스러운 쇼핑을 마치고 돌아오는 길은 늘 행복하다.

남편은 '호모 파베르(Homo Faber)'다. 도구를 사용해 물건을 만들고 일하며 자신도 만들어 가는 인간. 그는 일을 통해 기쁨을 느낀다. 사온 모종들을 심기 위해 얼어붙은 땅을 파고 또 판다. 집집마다 있는 트랙터도 없이, 오로지 삽 하나로. 그야말로 삽질이다. 나는 '호모 루덴스(Homo Ludens)', 유희하는 인간이다. 정원 안에서 놀고 즐긴다. 땅을 파고, 꽃을 심고, 물을 주고, 풀을 뽑는다. 시간 가는 줄 모른다. 해가 저물고 정원이 어둑해져도 멈출 수 없다. 물론 다리도 허리도 아프다. 힘들지만 빠져나올 수 없는 정원은 나만의 놀이터다.

힘들지만 재미있는 정원 놀이를 통해 마음속 잡풀들을 뽑아낸 자리에 작은 행복들이 자리한다. 오래 살다 보면 부부도 닮아가듯, 텃밭도 꽃밭도 주인을 닮아간다. 곡식이 농부의 발자국 소리를 듣고 자란다고 하듯, 꽃도 정원사의 발자국 수에 따라 더 정돈되고 풍성해지는 것 같다. 시간과 호흡을 맞추며 땅과 흙을 만질 수 있어 참 다행이다. 올해는 개미처럼 일만 하지도, 베짱이처럼 게으름만 피우지도 말고 남편과 싸우지 않고 머리와 마음을 잘 맞춰보려 한다.

새로운 계획이 있다면 '호모 파덴스(Homo Fadens)'가 되어 보는 것이다. '호모 파베르'와 '호모 루덴스'의 융합. 함께 일하고 함께 즐기는 방법을 시도해 보는 것이다. 작년, 남편의 텃밭에서 자란 상추와 쑥갓에서 노란 꽃이 핀 것을 보고 깜짝 놀란 적이 있다. 보랏빛 가지에서 피어난 연보라색 꽃을 보고는 또 한 번 감탄했다.

세상에 예쁘지 않은 꽃은 없다. 쑥갓 꽃, 가지 꽃이 이렇게 아름답다니! 텃밭에 자라는 꽃들도 꽃밭의 꽃들 못지않게 어여쁘다는 걸 이제야 알았다. 이제 나만의 공간이던 꽃밭에서 남편의 텃밭으로 조심스럽게 발을 들여, 그곳의 아이들도 좀 더 자세히 들여다보려 한다. 삐죽삐죽 연둣빛 고개를 내민 아이들을 생각하니 벌써부터 온몸이 간질거리기 시작한다.

# 오브리가도! Obrigado

얼마 전 남편이 어린 시절 한 동네에서 실과 바늘처럼 뭉쳐 다녔던 세 친구가 졸업 후 각자의 삶을 살아가다 40년 만에 다시 뭉쳤다. 이번엔 그들의 배우자들과 함께다. 다행히 여섯 명 모두 동의했고 모임 이름은 남편들이 살던 동네 이름을 따 '유천동 블루스'라 정했다. 그동안 함께하지 못했던 시간을 보상이라도 하듯, 더 늦기 전에 함께 여행하며 추억을 쌓자는 취지였다.

말이 그렇지 타임머신을 탄 것도 아니고 수십 년을 훌쩍 건너뛴 만남이니 어색할 법도 했지만 그들은 마치 어제 헤어졌던 것처럼 다시 소년이 되었다. 그 동안 만나지 못했던 것을 보상이라도 받을 심산인지 될 수 있는 한 자주 얼굴을 보겠다는 비장한 각오가 엿보였다. 시작이 어렵지, 막상 만나고 나니 모든 일이 일사천리로 진행됐다. 국내 여행은 물론이고 1년에 한 번씩은 해외여행을 가기로 했다. 각자 한 나라씩 가고 싶은 나라를 정하고 그 나라로 여행을 떠나기로 모두 뜻을 모았다. 그렇게 우리의 첫 여행지는 이베리아반도 서쪽 끝의 작은 나라, 포르투갈로 정해졌다.

첫 번째 주자가 된 친구는 본인이 고른 나라였기에 여행 계획도 직접 세우고 전반을 주관했다. 마음은 이미 모두 포르투갈에 가 있었다. 그런데 출발을 사흘 앞둔 저녁, 대전에 사는 부부가 이번 여행을 함께할 수 없다는 연락을 해왔다. 아내가 장을 보러 자전거를 타고 나섰다가 우회전하던 택시와 부딪혀 왼쪽 4, 5번 발가락이 골절된 것이다. 하필 그 부부가 처음 이 모임을 제안했던 터라 아쉬움이 더 컸지만 그만하길 다행이라며 우리는 불완전체로 첫 여행길에 올랐다.

대부분은 먼 나라까지 간 김에 스페인과 포르투갈을 묶어 여행하지만 우리는 과감히 스페인을 포기하고 포르투갈만 일주하기로 했다. 여행을 많이 해본 친구 부부의 제안이었다. 오히려 9일 동안 포르투갈을 속속들이 들여다 볼 수 있는 일정이어서 여유가 있고 어쩌면 자유여행 같은 느낌이 들 수 있다고 했는데, 결과적으로 그 선택은 탁월했다.

포르투갈은 우리나라 면적의 약 92% 정도이며, 인구는 천만 명 남짓으로 밀도가 낮은 나라다. 여행의 3요소는 날씨, 동반자 그리고 가이드라고들 하는데, 이번 여행은 이 세 가지가 모두 최고였다. 경험 많은 동반자 14명은 내내 서로를 배려하며 조용하고 편안한 분위기를 만들어 주었다. 가장 연장자는 74세, 그다음이 73세, 71세 분들이 다섯 분. 그러고 보니 70이 넘은 분이 절반이나 되었다. 그중에서도 다친 아내를 9일 내내 그림자처럼 돌보며 몸과 마음을 다한 최고령자의 배려는 모두에게 깊은 인상을 남겼다. 우리도 언젠가 그렇게 되겠구나 싶었다. 짝꿍이 65세, 내가 61세이니 앞으로 10년 뒤면 그분들 또래가 된다. 지금도 9일의 여정이 쉽지 않은데, 하루라도 더 젊을 때 부지런히 다녀야겠다는 생각이 들었다. 10년 후에도 '유천동 블루스'가 완전체로 여행할 수 있기를 간절히 바란다.

　4월의 포르투갈은 우리나라의 4월처럼 모든 곳이 아름다웠다. 끝도 없이 펼쳐지는 올리브 바다도 장관이었고 무엇이든 품어줄 듯한 드넓은 대서양은 한 폭의 그림 같았다. 날씨도 한 몫 했다. 여행 내내 스프링쿨러처럼 가볍게 내리는 비는 우리가 버스에서 내리면 반짝 해를 보여주다가 버스를 타면 내리고 다시 내릴 때가 되면 반짝 개였다. 마치

스위치가 있어, 우리가 움직일 때마다 해와 비를 조절하는 듯했다. 게다가 매일 마주한 무지개는 우리의 여정을 무지개 빛으로 만들어 주리라는 확신이 들게 했다.

하루 일정을 마치고 호텔로 돌아오는 버스 안은 음악감상실이 되었다. 삼십대의 다비드 조각 같은 가이드가 멋진 목소리로 날마다 그날 분위기에 어울리는 곡들을 들려주었다. 비틀즈, 카펜터스, 사이먼 앤 가펑클, 이글스, 해리 닐슨, 랜디 반 워머 그리고 파두와 스페인 음악, 클래식까지. 간단한 해설과 함께 듣는 음악은 여행의 피로를 말끔히 씻어주었다. 마치 대학 시절 음악감상실에 앉아 DJ의 선곡을 듣는 기분이었다. 저녁 햇살이 강 건너를 비추고 무지개가 떠 있는 하늘 아래에서 듣는 음악은 그야말로 힐링 그 자체였다. 패키지여행도 이렇게 아름다울 수 있구나 싶었다.

여행(Travel)은 고통과 수고를 의미하는 'Travail'에서 유래했다고 한다. 하지만 이번 여행은 자기 자신을 되돌아보고 삶의 지혜를 구하는 평온한 여정이었다. 여행은 '발로 하는 독서'라 하듯, 우리는 매일 많이도 걸었고 많은 생각을 했다. 우리의 삶을 되돌아보는 첫 번째 긴 여행은 앞으로 어떻게 살아가야 할지에 대한 답을 찾는 시간이기도 했다.

추억은 억만금을 주고도 바꿀 수 없고 천만금을 주고도 살 수 없는 것이다. 건강하게, 무탈하게 9일의 추억을 함께한 동반자들에게 진심으로 감사하다. 특히 아름다운 포르투갈을 와인과 음악을 곁들여 멋지게 안내해 준 박 가이드, 그리고 여정 내내 함께 웃으며 이야기를 나눈 친구 부부에게 진심 어린 감사 인사를 전하고 싶다.

오브리가도 Obrigado!

## 커피 좋아하세요…

　퇴직을 앞두고 연수를 다녀온 일이 있었다. 일명 '은퇴자를 위한 미래 설계 연수'다. 전국에서 모인 연수자들이 한 방에 두 명씩 임의로 배정되었다. 태어나 처음 보는 사람과, 그것도 3박 4일이나 같은 방을 쓴다는 건 꽤나 어색한 일이 아닐 수 없다. 그래도 여름이 시작되기 전, 녹음이 짙어진 6월. 조용한 곳에서 미래를 설계할 기회가 생긴 것에 감사한 마음으로 배정된 방으로 향했다.

　먼저 도착한 룸메이트는 창가 침대 옆에서 짐을 정리 중이었다. 통성명을 하고 3박 4일간의 동거가 시작되었다. 나야 짐이라야 옷가지 몇 벌과 세면도구, 노트북, 책 한 권이 전부였다. 그런데 룸메이트의 짐은 1m는 족히 되어 보이는 창 아래 선반 위에 가득했다. 먼 곳에서 오셨으니 짐이 많을 만도 하다 생각하던 참, 그녀가 물었다.

"혹시 커피 좋아하세요?"

순간 프랑수아즈 사강의 〈브람스를 좋아하세요...〉가 떠올랐다. 커피를 좋아하냐고 묻는 말에 "아! 네. 네 좋아해요"라고 대답은 했지만 사실 아침에 각성의 의미로 믹스 커피 한 잔 마시는 것이 전부인, 커피 맛은 잘 모르는 사람이었다.

그녀는 시립미술관에서 학예사로 근무 중이며, 커피를 무척이나 좋아하는 사람이었다. 출장 중에도 꼭 드립 커피를 내려 마시기 위해, 핸드드립 기구를 전부 챙겨 올 정도였으니 짐이 많을 수밖에 없었다.

"제가 여기 있는 동안 맛있는 커피를 내려 드릴게요."

"어머, 정말요? 감사합니다. 룸메이트를 너무 잘 만났네요. 이렇게 행복할 수가!"

사실 연수하는 내내 숙소에서 핸드드립 커피를 마신다는 것은 상상할 수 없는 일이었다. 룸메이트 덕분에 아침 식사 후 숙소에 돌아와 정성껏 내려준 커피를 마셨다. 황홀했다. 점심 식사 후엔 커피를 텀블러에 담아 오후 연수 시간 내내 여유를 즐겼다.

룸메이트는 커피 전문가였다. 커피 문외한인 나에게 커피에 대해 차근차근 가르쳐주었다. 먼저 원두를 가는 법, 물을 붓는 방향과 굵기, 속도, 시간 등 이론부터 설명한 뒤, 직접 내려보게도 했다. 그녀가 내린 커피와 내가 내린 커피를 비교 시음해보며 맛의 차이를 느껴보는 일도 무척 흥미로웠다. 커피 내리는 방법은 물론, 핸드드립 기구에 대해서도 조언을 아끼지 않았다. 적당한 그라인더, 드립 포트, 서버, 필터까지 추천해주었다.

  커피는 같은 환경이라도 내리는 사람에 따라, 물 온도에 따라 그 맛과 향이 달라지며 그런 면에서 기구도 신중하게 선택해야 한다는 것을 이제야 겨우 알게 되었다.

  저녁 식사를 마치고 함께 산책하며 우리는 그동안 살아온 이야기, 앞으로 살아갈 이야기들도 나누었다. 잠자리에 들기 전에는 학예사로서 전문성을 가지고 꼬리에 꼬리를 무는 미술사 강의를 해주었다. 듣고 있노라면 신기하게도 피곤하기는커녕 점점 더 빠져들어 밤이 깊어가는 줄도 몰랐다. 그렇게 행복했던 연수는 아쉽게도 끝이 났고 우리는 각자 '자기 앞의 生'으로 돌아갔지만 그 때의 기억은 생생하게 남아 지금도 문득문득 생각나곤 한다. 3박 4일간의 미래 설계 연수는 나를 커피의 세계로 안내해 주었고 그녀와의 만남 이후 난 드립 커피를 즐기는 사람이 되었다.

  이제 우리 부부는 매일 아침 커피 타임을 갖는다. 다행히 집 옆에는 이름난 바리스타가 운영하는 커피 전문점이 있어, 그곳에서 갓 볶은 원두를 200g씩 사다 하루에 한 잔씩 마신다. 모닝 커피를 마시는 그 시간은, 하루를 여는 우리의 경건한 의식이 되었다.

60알의 원두를 정확히 세어 커피를 내려 마셨다는 베토벤은 "한 잔의 커피를 만드는 원두는 나에게 60가지 영감을 준다"고 하였다. 또, 미국 작가 리처드 브로티건은 "때론 인생이란 커피 한잔이 가져다주는 따스함에 관한 문제이다"라고 예찬했던 것처럼 우리가 매일 마시는 커피 한 잔은 단순한 음료가 아니다. 커피는 참으로 묘한 것이다.

문득, 나를 커피의 세계로 안내했던 그녀는 지금 안녕한지 궁금해졌다. 그녀가 근무하는 시립미술관에서 〈불멸의 화가 반 고흐〉 전시가 지난 3월 25일부터 6월 22일까지 열리고 있었다. 국내에서 보기 어려운 고흐의 대표작 76점을 감상할 수 있는 특별한 기회라 봄부터 꼭 가야겠다고 마음먹었었건만 어느덧 전시 종료일이 다가오고 있다. 게으른 천성은 어쩔 수 없는 모양이다.

하지만 이제라도, 더 늦기 전에 가야겠다. 고흐를 보러, 그리고 그녀를 만나러.

# 산에서 노는 것이 독서다 遊山如讀書

나는 산을 좋아한다. 누군가 산과 바다 중 하나를 고르라고 하면 단 1초도 망설이지 않고 산을 택할 것이다. 한때는 산에 푹 빠져 틈만 나면 올랐다. '백두대간'이라는 모임도 있었다. 직장 동료 셋이 가까워지며 자연스레 부부들도 함께하게 된 모임이 벌써 20년이 넘었다.

'백두대간'은 전국의 이름난 산들을 찾아다녔다. 산행하는 날이면 총무가 여섯 명의 이름이 새겨진 현수막을 챙겨왔다. 힘든 여정을 마치고 마침내 정상에 오르면 그 현수막을 펼쳐 다 함께 기념사진을 찍고 뒷면에는 각자 날짜와 이름을 적었다. 그렇게 지리산, 설악산, 월악산, 도봉산, 소백산, 월출산, 치악산, 태백산, 한라산 그리고 백두산까지, 한라에서 백두까지의 여러 산을 함께 올랐다.

40대 중반에 만났는데 가장 연장자가 70을 바라보는 세월이 되었으니, 인생이란 참으로 무상하고 덧없다. 젊은 날엔 동네 뒷산 따위는 눈에도 들어오지 않았다. 1,000m가 넘는 산만이 진짜 산처럼 느껴졌고 높을수록 오르고 싶은 욕망은 커져만 갔다. 정상이 거기 있으니, 아무리 힘들어도 중도 포기란 없었다. 죽을 힘을 다해 끝까지 올랐고 다시는 오르지 못할 것처럼 정상의 바위를 꼭 밟았다. 그리고 나면 또 어떤 산을 오를지 고민하곤 했다.

그러던 어느 날 문득 의문이 들었다. 나는 정말 산을 좋아하는 걸까? 왜 산에 오르는 걸까? 정상은 나에게 어떤 의미일까? 문득 무언가 잘못된 것 같았다. 조직에서 보다 높은 지위를 좇아 줄을 서고 아웅다웅 다투는 군상들을 바라보며 환멸을 느꼈었는데, 산이 좋아서라기보다 정상에 오르는 것이 목적이 되어버린 나의 모습이 그들과 다를 바 없다는 생각이 들었다. 모두 부질없는 일. 그때의 내 마음은 퇴계 선생의 '오사(吾事)'에 담긴 마음과도 닮아 있었다.

高蹈非吾事 (고도비오사)

居然在鄉里 (거연재향리)

所願善人多 (소원선인다)

是乃天地紀 (시내천지기)

높은 곳에 머무는 것은 내 할 일 아니네
고향 마을에 기거하면서
착한 사람이 많아지기를 소원하네
이것이 천지가 제자리를 잡는 것이기에

〈퇴계, 和陶集飮酒 20수 中〉


그 이후 나는 높은 산에 오르는 일을 멈추었다. 대신 동네 앞산과 뒷산이 나에게는 알맞고 지금의 내 수준에도 딱 맞는 산이 되었다. 높은 산은 오르기 전부터 부담스럽고 위협적으로 느껴졌지만 마음을 내려놓으니 몸도 마음도 이토록 가볍고 편안할 수가 없었다. 그 욕망이 비워진 자리엔 안식과 평화가 자리했다.

우리 동네엔 좋은 산들이 있다. 해발 280m의 수암산은 둘레길이 잘 되어 있고 381m의 용봉산은 '충남의 금강산'이라 불릴 만큼 아름답다. 더 바랄 것도 없다. 같은 날 은퇴한 우리 부부는 일주일에 한두 번 수암산 둘레길을 걷는다. 한 지인이 이사 오면서 걷기 모임에 함께하게 되었고 다른 지인 세 명까지 합류해 '수요 산악회'가 만들어졌다. 우리 부부까지 다섯 명이 고정 멤버다. 매주 수요일 아침 10시 30분, 우리는 산 입구에 모여 한 시간 반쯤 걷고 점심을 함께한 뒤 헤어진다. 둘보단 셋, 셋보단 다섯이 더 즐겁다.

 산은 우리네 인생과도 닮았다. 봄, 여름, 가을, 겨울이 산의 풍경을 바꾸듯, 우리의 삶도 유년기, 청년기, 장년기, 노년기로 변한다. 오르막이 있으면 내리막도 있듯, 인생도 늘 위로만 향하거나 아래로만 흐르진 않는다. 산도 인생도 두루 살펴야 한다. 퇴계 선생님 말씀처럼, 산에서 노는 것이 곧 독서다.

   讀書人說遊山似 (독서인설유산사)
   今見遊山似讀書 (금견유산사독서)
   工力盡時元自下 (공력진시원자하)
   淺深得處摠由渠 (천심득처총유거) 중략

   사람들은 독서가 산을 유람하는 것과 같다고 하는데
   이제 보니 산을 유람함이 독서와 같구나
   온 힘을 쏟은 후에 스스로 내려옴이 그러하고
   얕고 깊은 곳을 천천히 살펴보아야 하는 것이 그러하네
   〈퇴계, 遊山如讀書〉

# 오래된 비밀

우리 집에서는 '아버지'를 '아빠'라 부른다. 다 크다 못해 늙어가는 딸들은 90을 바라보는 아빠 앞에서 여전히 아기 말을 썼다. 어쩌다 친구들 앞에서 이야기할 때는 '우리 아버지는~'이라고 멀쩡하게 말하지만 여간 어색한 것이 아니었다. 성인이 된 어느 날 아빠께 "이제 아빠라고 하지 말고 아버지라고 부를까?"했더니 "아니, 이상해. 그냥 아빠라고 부르는 게 좋아"라고 다정히 웃음 지으며 대답하셨다.

어릴 적 우리 집은 '엄모자부(嚴母慈父)' 엄마는 타이거맘(Tiger Mom)으로 악역을 담당했었고 아빠가 다정함을 맡았다. 자라면서 엄마에게는 셀 수 없이 혼나고 종아리를 맞기도 했지만 아빠에게 혼나 본적은 단 한 번도 없는 것 같다. 아빠는 자녀들을 사랑하고 친밀하게 대해주셨지만 그렇다고 육아나 자녀 교육에 특별한 관심을 보이진 않았으니 스칸디 대디(Scandi Daddy)는 아니었다.

아빠는 모든 딸들을 예뻐하셨지만 첫 째인 나를 더욱 특별하게 생각해 주신 것 같다. 오남매 중 나는 아빠를 가장 많이 닮았기 때문이다. 세상 일보다는 조용히 앉아 혼자 하는 일을 좋아하는 것도 닮았다. 아빠는 그 옛날에도 대학을 졸업하신 분으로 평생 공무원 생활을 하셨다. 국립농산물검사소에 다니셨는데 대전 선화동에 사무실이 있었다. 나는 가끔 아빠에게 특별 용돈을 받았다. 중고등학교 시절 용돈이 급할 때면 엄마 몰래 가끔 아빠 사무실에 들렀고 아빠는 슬그머니 용돈을 쥐어 주셨다.

또 하나의 비밀이 있다. 중3 어느 날이었을 거다. 46년이 지난 아빠와 나만의 오래된 비밀이다. 아마도 시험 기간이었거나, 아니면 학교가 조금 일찍 끝났던 날로 기억되는 날 아빠를 찾아갔었다. 그 날은 왠일인지 아빠도 일찌감치 사무실을 나오시며 같이 영화를 보러 가자고 하셨다. 난생 처음으로 아빠와 단 둘이 영화를 보았고 제목은 '허리케인'이었다. 아무리 아빠와 딸이라지만 교복을 입은 중3 여중생과 40대 초반의 젊은 아빠와 단 둘이 영화를 본다는 건 지금 생각해도 참으로 어색한 일이 아닐 수 없다. 지금이었다면 물론 거절했을텐데 그땐 어린 마음에 아빠랑 영화 본다는 것이 마냥 좋기만 했을 것이다. 영화 내용은 자세히 기억나진 않지만 미군이 점령하고 있던 사모아섬의 총독 딸이 아버지를 만나러 섬에 오게 되었고 그곳에서 족장의 아들과 사랑에 빠지는 내용이었던 것 같다. 영화 도중 주인공 남녀 간의 사랑 장면들이 나올 땐 나도 물론 당황스러웠지만 재난영화로 알고 데려오셨을 아빠야말로 얼마나 불편하셨을까. 아빠와 나만의 비밀을 이제야 털어놓으니 속이 다 시원해진다. 그나저나 나중에 이 글을 읽고 비로소 알게 될 우리 자매님들의 표정이 벌써부터 눈에 선하다.

8년 전쯤에는 위암과 전립선암으로 생사의 갈림길에서 두 번의 고비를 넘기신 아빠가 운전하시다 경미한 사고를 내신 적이 있었다. 한 번은 그럴 수 있다고 생각했지만 연거푸 두 번이나 그러다 보니 그냥 넘길 일이 아니었다. '노인 운전은 몇 살까지 가능한 것일까?' '아빠가 운전을 더 하시도록 하는 게 맞는 일인가?' 가족 회의에 들어갔고 엄마는 물론 가족 만장일치로 아빠의 운전을 막기로 정해졌다. 그런데 과연 고양이 목에 누가 방울을 달 것인가가 문제였다. 만장일치로 큰 딸인 내가 해야 한다고 정해져 나도 엄마처럼 악역을 맞게 되었다. 하지만 생각했던 것보다 아빠의 저항은 거칠었다. 자동차와 차 키를 뺏긴다는 것에 격노하셨다. 아빠는 나에게 평생 한번도 들어본 적 없는 욕도 하셨다. '나쁜 년, 니가 나를 병원에 데리고 가줄 거야?', '못된 년, 내 발을 묶어놓으면 나는 어떡하라고 어?' 결국 끈질긴 설득과 회유 끝에 아빠는 강력한 저항을 멈추고 운전권을 포기하셨다. 큰 일을 해결했다는 기쁨보다 할 수 없이 물러서야 하는 길을 택할 수밖에 없었던 아빠의 뒷모습이 너무나 가엾고 슬퍼 보였다.

미수(米壽)를 열흘 앞둔 날 아빠는 갑자기 병원으로 실려 가셨다. 생각지도 못한 병명은 '급성담낭염' 그렇게 입원한 아빠는 황망하게도 한 달만에 우리 곁을 떠나셨다. 혼자서 먼 길을 떠나신 것이다. 아빠는 평소 주간보호센터에 결석 한 번 안 하실 정도로 성실한 모범생이셨다. 딱 하루 몸이 좋지 않아서 집에서 쉬겠다고 하셨는데 급성담낭염이 악화되는 것을 아빠 본인은 물론 가족 누구도 알지 못했던 것이다.

중환자실에 계신 아빠는 연로하시고 수술을 하지 못할 정도로 몸이 허약해지신 상태라 하루가 지날수록 악화되셨다. 한 달도 간신히 버텨내신 것 같다. 전에도 두 번씩이나 찾아왔던 무서운 암을 오뚜기처럼 거뜬히 이겨내신 분이어서 이번에도 제발 한 번만 딱 한 번만 잘 견뎌

주시길 기원했건만 너무도 아쉽고 황망한 일이었다.

평생 우리 오남매를 사랑으로 잘 키워주신 아빠! 평소 최희준의 '하숙생'을 잘 부르시더니 노랫말처럼 그렇게 나그네가 되어 구름이 흘러가듯, 강물이 흘러가듯 정처 없이 먼 길 떠나셨다. 벌써부터 그리운 우리 아빠! '고맙습니다. 사랑합니다.'

# 제3의 공간 喜熹堂

행복한 사람은 제3의 공간이 있다고 한다. 미국의 도시사회학자 레이 올든버그는 현대 사회의 고독감이나 소외감 문제를 해결하는 방안으로 제3의 공간의 중요성을 강조했다. 삶의 첫 번째 공간이 집과 가정이라면 두 번째 공간은 일터이고 제3의 공간은 집과 일터를 벗어나 부담 없이 갈 수 있으며 그곳에 가면 편안히 쉴 수 있는 공간을 말한다.

오래 전 외출을 마치고 집으로 돌아오던 길이었다. 운전 중이던 남편이 차창 밖 너른 들판을 바라보다가, "이 넓은 땅덩어리에 내가 콩 한 포기 심을 땅이 없다니 너무 서글프다"라고 툭 내뱉은 말이 가슴에 와서 콕 박혔다. 동식물이든 무엇이든 키우고 가꾸는 일을 유난히 좋아하는 사람이라 괜스레 딱한 마음도 들었다. 그런데 그 말은 그냥 던진 말이 아니었다. 의미심장한 말이었다는 걸 얼마 지나지 않아 알게 되었다.

그는 직장인 학교에서 멀리 떨어지지 않은 곳에 300평 남짓한 땅을 몰래 구입해 둔 것이었다. 아내인 나의 동의도 없이 말이다. 어느 주말, 갑자기 어딘가 함께 가보자는 자발적인 제안을 했고 내키지는 않았지만 따라 나섰다. 구불구불 논밭을 지나고 비닐하우스와 사과밭을 지나 한참 들어가더니 어느 허름한 집 앞에 차를 세웠다.
"다 왔어? 여기가 어딘데?"
남편이 빙긋이 웃더니,
"일단 내려봐."
"뭔데. 여기 왜 왔는데?"라고 묻자.
"여기 내가 산 땅이야."
"뭐? 뭐라고?"
"……"
"아니, 나한테 말 한마디 하지 않고 땅을… 이 땅을 샀다고요? 그것도 저 이쑤시개처럼 촘촘히 박힌 송전탑 앞에 있는 이 땅을요? 아니 도대체 왜요?"

놀랍기도 하고 화도 나고 또 그런 결정을 한 이유가 정말이지 궁금했다. 남편은 땅을 계약할 때까지 송전탑이 보이지 않았다고 했다. 눈에 뭐가 씌었던 것이다.

"아니 한 두 개라면 몰라도 저렇게 한 줄로 빨래 줄처럼 쭈욱 늘어져 있는 저 송전탑들이 어떻게 안보일수가 있지? 장난감 모형도 아니고 저렇게 우람한 송전탑이 어떻게 눈에 안보이냐고요."

남편은 엄마에게 꾸지람을 듣는 어린아이 마냥 아무 말도 못하고 그저 웃고만 있었다. 결국 남편은 집과 직장 외에 자기만의 새로운 공간을 갖게 되었다. 학교에서도 가깝고 송전탑 뷰 덕분에 주변보다 땅값이 싼 데다 수도와 전기도 들어와 있다는 게 좋았고 조그만 농가 주택까지 딸려 있으니 주변 여건을 따져볼 겨를도 없이 그냥 저지르고 본 것이다. 이미 엎질러진 물이고 또 얼마나 간절했으면 그랬을까 싶어 더는 말하지 않기로 했다.


우리 옛 선조들에게도 제3의 공간이 있었다. 조선시대의 '별서(別墅)'가 그것이다. '별(別)'은 떨어져 있다는 뜻이고 '서(墅)'는 농막이라는 뜻이니 직역하자면 '떨어진 농막'이다. 하지만 별서는 단순한 공간이 아니다. 시도 짓고 차도 마시며 좋은 사람들과 교류하던 소박한 아지트였다. 얼마나 좋았으면 당나라 시인 이백이 '산중문답'에서 '세상 밖의 별천지요, 인간 세상이 아니로세'라고 했을까.

問余何事棲碧山 (문여하사서벽산)

笑而不答心自閑 (소이부답심자한)

桃花流水杳然去 (도화유수묘연거)

別有天地非人間 (별유천지비인간)

나에게 물어오네 청산에 왜 사시오

웃음이 곧 대답이라 마음 절로 한가롭다

복사꽃이 물에 흘러 아득히 사라지니

세상 밖의 별천지요 인간 세상 아니로세

〈이백, 산중문답山中問答〉

우리 가족의 제3의 공간 이름은 '희희당(喜憙堂)'이다. '기쁨이 넘치는 공간'이라는 뜻으로, '하하, 호호' '히히' 웃는 소리를 담아 막내 동생이 지어준 당호다. 틈나는 대로 꽃을 사고 나무를 심고 채소를 가꾸었다. 식구도 늘어났다. 덕분에 개집도 생기고 닭장도 생겼다. '풀 방

구리에 쥐 드나들 듯' 아침저녁으로 부지런히 드나들다 보니, 비록 별서는 아니지만 제법 '사랑방' 같은 느낌이 난다.

'희희당'에는 담도 없고 대문도 없지만 그래서 더 좋다. 답답하지 않다. 송전탑은 에펠탑이라 생각하면 그만이다. 봄이면 모내기한 논이 푸릇푸릇한 잔디밭 같고 가을이면 황금 들녘이 참으로 아름답다. 희희당은 남편에게는 놀이터요 별천지이고 나에겐 휴식을 주고 영감을 주는 영혼의 쉼터다.

아직 고맙다는 말을 제대로 하지 못했던 것 같은데 이제라도 말하고 싶다.

"여보, 고마워요. 참 잘했어요."

# 동상이몽 同床異夢

동상이몽(同床異夢)은 '같은 침상에서 다른 꿈을 꾼다'는 말이다, 같은 상황에서 같은 걸 보면서도 서로 달리 생각함을 가리키는 사자성어인데 겉으로는 같이 행동하면서도 속으로는 각각 딴 생각을 하고 있음을 이르는 말이다.

우리 부부는 '동상이몽'이 아니라 '이상이몽'(異床異夢)이다. 이상이몽이 시작된 건 올해부터다. 결혼한 지 38년 동안 같은 침대를 썼으니 서로 미련 같은 건 없다. 전에는 가끔 술을 마시는 날에나 코를 골던 사람이 요즘엔 시도 때도 없다. 심지어 점심 먹고 소파에 잠시 누워 눈을 부칠 때에도 영락없다. 어떤 날은 자신의 코 고는 소리에 깜짝 놀라 깨기도 한다. 본인 말로는 나이가 들다 보니 아무래도 코의 근육이 느슨해지면서 그런 것 같다고 진단하였다. 하늘이 두 쪽이 나도 각방 같은 것은 쓰지 않겠다고 할 줄 알았는데 생각지도 않게 남편 쪽에서 먼저 각방살이를 제안해 왔다. 아내가 자신의 코골이 소리에 잠을 뒤척이는 것이 미안하여 수면권을 보장해주고 싶다는 것이 첫 번째 이유이고 아내의 뒤척임 때문에 방해받는 자신의 숙면권을 누리고 싶은 것이 두 번째 이유였다. 처음엔 각 방을 쓰는 것이 서로 어색하였다. 옆에 있던 사람이 없으니 허전했던지 쉽게 잠이 오지 않았었다. 게다가 옛 어른들이 "부부 싸움을 하더라도 각 방을 쓰면 안 된다"라고 하신 말씀도 신경 쓰였다. 부부가 싸우더라도 한 이불을 덮고 자야 부부 사이에 틈이 생기지 않는다고 일러주셨기 때문이었다. 사실 또 하나의 걱정은 돌연사 위험이었다. 중년엔 급성 심근경색이나 뇌졸중이 갑작스레 찾아올 위험이 있기 때문에 걱정이 되는 것도 사실이다. 하지만 장점이 있으면 단점이 있는 법. 우리는 일단 각방살이를 시작했고 숙면을 취하는 것에 대해 서로 만족스러워 하고 있다.

동상이몽은 부부간에만 있는 것은 아니다. 정치, 경제 등 사회 구석구석에 존재할 수 있다. 같은 정치적 이념을 갖고 같은 목표나 가치를 공유하는 것 같지만 실제로는 각자 다른 생각을 갖고 있는 경우가 많다. 또 기업의 핵심을 담당하는 경영자와 노동자 간에도 서로 동상이몽을 하며 제각기 다른 목소리를 내는 모습을 쉽게 볼 수 있다. 이는 가족 간에도 친구 간, 국가 간에도 발생할 수 있다. 특히 최근엔 트럼프의 관세 전쟁을 마주한 세계 각국은 저마다의 동상이몽을 꿈꾸느라 모두 정신이 없어 보인다. 겉으로는 화합하는 것처럼 보여도 속으로는 모두 딴생각들을 하고 있으니 열 길 물 속은 알아도 한 길 트럼프 속은 알 길이 없기 때문이다.

우리 가족은 아주 오래전 한국 최초의 블록버스터였던 영화 〈쉬리〉를 보러 극장에 갔었다. 1999년에 개봉했으니 지금으로부터 26년 전 일이다. 〈쉬리〉는 남북 관계를 배경으로 한 액션, 첩보, 멜로, 스릴러물이었다. 내가 가장 좋아하는 배우 한석규를 비롯하여 송강호, 최민식, 김윤진 등 지금 내놓아도 너무나 화려한 캐스팅이었다. 제작비도 어마어마하게 들어갔다고 하였다. 개봉 당시 600만 명 이상의 관객이 영화를 보았으니 그야말로 '대박' 난 영화였다. 때마침 대전에서 시부모님이 내려오시는 바람에 시부모님은 보기 드물게 아들, 며느리, 손주들과 함께 영화관에서 〈쉬리〉를 보셨다. 당시 시아버님은 평생 경찰로 봉직하시다 퇴임하신 상태였고 어머님은 60대 중반쯤 되셨을 거다. 나와 남편은 30대였고 아이들은 아직 초등학생이었다. 10대가 둘, 30대가 2명, 60대가 2명이었으니 우리 여섯 명 관객의 조합도 그야말로 블록버스터급이었다.

주인공인 유중원(한석규 역)은 한국 정보기관 소속 요원이고 박무영(최민식 역)은 북한의 특수 8군단 소속 정예 공작원이다. 남한에서 개발한 가공할 신무기 CTX를 탈취해서 남북 정상을 한꺼번에 죽이고 전쟁을 통해 남북통일을 이루고자 하는 인물로 나왔다. 이장길(송강호 역)은 유중원의 둘도 없는 친구이자 동료이며 OP요원이다. 이명현(김윤진 역)은 북한 특수 8군단 정예 첩보요원이며 저격수인데 유중원에게 의도적으로 접근해 연인관계가 되었고 결혼을 앞두고 있는 인물로 나온다. 강제규 감독은 우리를 2시간 동안 긴장의 끈을 놓을 수 없게 하였고 손에 땀을 쥐게 만들었다.

영화가 끝난 후 저녁을 먹으며 자연스럽게 영화 이야기를 나누게 되었다. 맙소사! 6인 6색의 감상평이라니. 평생 경찰 정보과에서 공안 업무를 담당하셨던 아버님은 공산주의와 민주주의라는 이데올로기적 관점으로 영화를 이해하셨다. 어머님은 자고로 남자는 평생 여자를 잘 만나야 하는 법인데 한석규가 여자를 잘 못 만났다며 안타까워 하셨다.

남편은 당시 집에 수족관을 여러 개 두고 있던 참이어서 영화에 나오는 '키싱구라미'를 한번 키워보아야겠다고 하는 것이다. 딸은 이명현 역으로 나온 김윤진이 죽는 장면이 너무 가슴 아팠다고 말하였고 아들은 영화 내내 나오는 온갖 무기들에만 온통 관심이 있었다. 특히 신소재 액체 폭탄 CTX에 대해 신이 나서 이야기했던 기억이 있다. 나는? 당연히 우리 주인공인 한석규 배우의 연기와 목소리에 빠져 시간 가는 줄 몰랐다.

〈쉬리〉는 최고의 명작이었다. 하지만 같은 날 같은 극장에서 우리는 모두 다른 꿈을 꾸었다. 어떻게 단 한 명도 같은 생각을 하지 않았을까? 여섯 명 모두 제각기 다른 관점으로 영화를 보았다는 것은 죽을 때까지 잊지 못할 또 하나의 명장면이었다. 완벽한 '동상이몽'(同床異夢)이었다.

# 나는 반딧불이

좋은 음악은 사람들에게 위안을 준다. 굳이 말이 필요 없다. 어쩌면 백 마디 말보다 더 나은지도 모르겠다. 어느 날 문득 삶이 폭폭하고 소진되어 더 이상 하루도 버티기 어렵다고 느끼던 날 우연히 귀에 들려온 음악 한 곡으로 마음이 치유되기도 하기 때문이다.

얼마 전 고덕에 있는 세컨하우스에 스피커 하나를 장만했다. 제주도 여행 중 묵었던 펜션에서 스피커로 음악감상을 한 이후 남편은 그 때 들었던 음악이 좋았던지 꼭 그 스피커를 사야 한다며 채근하는 바람에 큰 맘먹고 들여 놓게 되었다. 그런데 사실 나와 남편은 음악 취향이 다르다. 달라도 너무 다르다. 평생 안 맞으니 그야말로 '로또'나 다름없다. 나는 가사가 있으면 그 가사에 신경이 쓰여 주로 가사 없는 음악을 좋아하는데 남편은 반대다. 내가 피아노 곡이나 바이올린 곡 같은 조용한 클래식 곡을 선호한다면 남편은 자기가 대학 때 주로 듣던 추억의 7080을 듣는 것을 좋아할 뿐만 아니라 큰 소리로 따라 부르기도 한다. 머리는 희끗희끗 할아버지인데 마음은 아직도 청춘이다.

요즘 즐겨듣는 노래는 '나는 반딧불이'다. 인디 밴드 '중식이'의 명곡이다. 곡도 마음에 끌리는데 가사까지 좋으니 더 말할 것도 없다. 거기다 '중식이'의 촌스러운 락을 의미하는 '촌스락'이 매력적이다. 세련됨보다는 진실함과 꾸밈없는 감성이 오히려 마음에 든다. 거친듯하면서도 따뜻함이 느껴지는 선율과 진솔한 가사는 듣는 이의 마음을 편안하게 감싸주며 위로의 말을 건네주는 것 같았다.

나는 내가 빛나는 별인 줄 알았어요/ 한 번도 의심한 적 없었죠/ 몰랐어요 난 내가 벌레라는 것을/ 그래도 괜찮아 난 눈부시니까/
하늘에서 떨어진 별인 줄 알았어요/ 소원을 들어주는 작은 별/ 몰랐어요 난 내가 개똥벌레라는 것을/ 그래도 괜찮아 나는 빛날 테니까.

자신을 빛나는 별이라고 착각했던 주인공이 자신이 개똥벌레였음을 깨닫고도 여전히 빛날 수 있다는 메시지를 담고 있는 곡이다. 자신의 부족함을 인정하면서도 자기를 긍정적으로 바라보라는 울림을 준다. 고단하고 힘들 때 위로와 용기를 건네주는 국민힐링송이다.

언젠가 중식이가 인터뷰한 기사를 읽었다.
"저는 훌륭한 작곡가도 뛰어난 보컬리스트도 아닙니다. 그냥 가사 좀 자기 마음대로 쓰고 있는 아저씨입니다. 좋은 인격을 소유한 것도 아니고 주변 동생들에겐 꼰대질하는 그냥 그저 그런 평범한 아저씨입니다. 할 줄 아는 말, 단어도 별로 없어서 욕까지 써 가면서 제 감정을 전달하려 했을 뿐입니다. 보시다시피 맞춤법도 틀리는 바보입니다. 콘셉트가 아니에요. 너무 멋있게 포장하지 않았으면 합니다."('N포세대 대변자로 떠오른 중식이밴드', 한겨레, 2015.11.15.)
너무 멋진 거 아니야? 역시 그는 별이었다.

몇년 전 지인들과 뉴질랜드에 다녀온 적이 있었다. 화산과 빙하를 동시에 볼 수 있어 좋았지만 북섬의 와이토모 반딧불 동굴 보트 투어를 하며 수천 마리의 반딧불이를 감상했던 것이 인상적이었다. 백 년 이상의 세월을 통해 만들어진 석회암 종유석들 사이로 글로우 웜(Glow

Worm)이라는 반딧불이 유충들이 신비로운 빛을 내고 있었다. '나 여기 있어요' 라며 반짝거리고 있었다. 소리 나지 않는 보트를 타고 노를 젓지 않은 채 캄캄한 동굴을 따라 조용히 그리고 천천히 이동하였다. 반딧불이에게 방해가 될까 봐 우리는 말도 하지 않았고 숨소리마저 죽였던 기억이 있다.

　반딧불이는 벌레가 아니라 별이었다. 그 곳에서 반짝거리던 반딧불이 군락은 마치 밤하늘에 쏟아지는 은하수 같았다. 동굴은 하나의 우주였다. 동굴의 천장이 하늘이라면 그 하늘에서 빛나는 반딧불이는 분명 벌레가 아니라 별인 것이다. 마찬가지로 우리가 살아가고 있는 곳이 또 하나의 작은 우주라면 우리도 각각의 별이 아닐까? 사실 별이면 어떻고 반딧불이로 살아가면 또 어떠하랴. 자신이 스스로를 별이라고 생각하고 자기만의 빛을 내며 살아가면 되는 것이다. 어디에 있든 그 곳에서 반짝이면 되는 것이다.

■■■ 에필로그

　어떤 일상을 마주하고 계신가요? 사람들은 각기 저마다의 일상을 그리고 인생을 살아갑니다. 살아가는 동안 늘 불행하기만 하거나 날마다 행복하기만 한 삶은 없는 것 같습니다. 가끔은 불행하고 그 와중에 어떤 순간은 행복하다고 느끼니까 말이죠. 불교 경전인『불설비유경』에 나오는 안수정등(岸樹井藤) 이야기처럼 말입니다. 등나무 덩굴을 붙잡고 '이제는 떨어져 죽을 수 밖에 없구나' 하는 순간에도 혀로 떨어지는 꿀방울을 받아 먹으며 방금 전까지의 공포심도, 자신의 목숨이 위태롭다는 사실도 잠시 잊어버리는 것, 그것이 바로 우리들의 삶이 아닌가 합니다.

　인생은 무상(無常)하다고 합니다. 만물은 모두 변화하며 언젠가는 덧없이 사라진다는 말입니다. 만나면 헤어지게 되고 태어나면 언젠가는 죽게 됩니다. 좋은 일이 있으면 나쁜 일도 있고 오르막이 있으면 내리막도 있는 법. 이것이 세상 돌아가는 이치인가 봅니다. 그러니 지금 높이 올랐다고 많은 것을 가졌다고 너무 좋아할 일도 아니요 내 삶이 초라하고 궁핍해 보인다고 너무 슬퍼할 것도 없는 일입니다. 영원한 것은 없으니 말이죠. 그러니 일상이 소중한 이유입니다.

 인생 제2막을 새롭게 시작하다 보니 생각이 많아집니다. 일기를 쓰듯 글을 쓰는 과정은 그동안 내가 무슨 생각을 하며 살아왔는지 중간 점검을 해보는 좋은 시간이었습니다. 일상을 기록해 나가다 보니 오늘 나에게 주어진 이 일상이 새삼 고맙게 느껴졌습니다. 거창한 인생보다 소소한 일상에 집중하며 살아가는 시간 들이 행복이라는 것을 이젠 더욱 확실히 알게 되었으니까요. 앞으로도 주변의 작은 것들에서 의미를 찾으며 살아가려 합니다. 일상들이 모여 쌓인 것이 바로 우리의 인생이니까요. 여러분은 일상에서 무엇을 기대하고 계신가요?